Georg Huntemann

Was kommen wird

Georg Huntemann

Was kommen wird

Die Bibel über die Zukunft der Welt

BRUNNEN-VERLAG GMBH · GIESSEN UND BASEL

ABCteam hat sich preiswerte Veröffentlichungen und die weite Verbreitung des christlichen Buches zur Aufgabe gemacht.

Die Auswahl von ABCteam-Bänden wird von einem Kreis bekannter christlicher Persönlichkeiten überwacht.

Neben den ABCteam-Bänden erscheint eine verbilligte Sonderausgabe für Mitglieder des ABCteam-Buchclubs.

ABCteam-Bände und Buchclubausgaben erscheinen zunächst in folgenden Verlagen:
Aussaat Verlag Wuppertal / R. Brockhaus Verlag Wuppertal / Brunnen Verlag Gießen / Christliches Verlagshaus Stuttgart / Oncken Verlag Wuppertal.

ABCteam-Bände und Buchclubausgaben kann jede Buchhandlung besorgen.

Umschlag: Harald Wever
© 1973 by Brunnen-Verlag, Gießen
Gesamtherstellung: H. Rathmann, Marburg an der Lahn
ISBN 3 7655 0297 9

Rosigen Zeiten entgegen?

„In den nächsten zehn Jahren werden wir unseren Lebensstandard um 50 Prozent erhöhen..." sagte Präsident Nixon 1973 in einer Botschaft an den Kongreß. In der Bundesrepublik Deutschland hat sich der Gesamtwert der in einem Jahr erzeugten Güter und Dienstleistungen von 1950 bis heute vervierfacht. Jeder vierte Bürger in unserem Lande hat ein Auto, fast jeder Haushalt hat Fernsehgerät und Kühlschrank. Waschvollautomat und Tiefkühltruhe werden bald in jeder Wohnung stehen. Die Arbeitszeiten werden kürzer, der Verdienst wird größer, der Konsum gewaltiger, die Lebenszeit immer länger: Heute schon ist die Lebenserwartung eines Mitteleuropäers um vierzig Jahre länger als um 1800. Die durchschnittliche Lebensdauer beträgt heute etwa 70 Jahre — im nächsten Jahrhundert will man sie verdoppeln.

Im Jahre 1973 ist es dem Kölner Arzt Konstantin Hermann gelungen, bei einem Tierexperiment den Tod rückgängig zu machen. Ein eineinhalb Stunden toter Affe konnte mit vollfunktionsfähigem Gehirn wiederbelebt werden. Also soll man sich — wie bereits in den USA gelegentlich praktiziert — lieber einfrieren, statt beerdigen lassen, um nach fünfzig Jahren (nach dem dann gültigen Stand der Medizin) wiederbelebt und mit neuen, künstlichen Organen vielleicht für ein fast ewiges Leben präpariert zu werden?

Was kann dem Glück entgegenstehen?

Also durch Verstand und Wille rosigen Zeiten, vielleicht aus eigener Kraft dem Paradies entgegen?

Oder kommt die Katastrophe?

Im Jahre 1968 hat der amerikanische Forscher John B. Calhoun eine Mäusekultur angelegt — in einem zwar begrenzten Raum, aber bei besten klimatischen Voraussetzungen und regelmäßigem Nahrungsüberfluß. 1973 verstarb die letzte Maus von 2200: Streß,

Aggressivität, Aufhören des Fortpflanzungstriebes ließen die Mäuse-kultur so sehr degenerieren, daß sie sich nicht einmal mehr durch frisches Blut retten ließ.

Wird es der Menschheit ähnlich ergehen? Wird ihre Zivilisation im Konsumüberfluß an Streß, Aggressivität und nachlassendem Lebens-willen zugrunde gehen?

In Amerika wird Energie knapp. Die Amerikaner, die als 6 Prozent der Weltbevölkerung ein Drittel des Energiebedarfs der Welt ver-brauchen, müssen erkennen, daß die Ausbeutung der Welt ihre Grenze und die Erschließung neuer Energiequellen bedrohliche Fol-gen für die Zerstörung der Umwelt hat. Nicht nur das Team des Massachusetts Institute of Technology kommt zu dem Ergebnis: Wird das Wirtschaftswachstum bis 1985 nicht gestoppt, kommt noch vor dem Jahre 2100 eine Katastrophe, die Milliarden Menschen den Tod bringt.

Können neue Energien helfen, wenn ihre Abfallwärme oder ihre Abfallstoffe Atmosphäre oder Erdkruste menschenfeindlich machen?

Heute sehen die Forscher Möglichkeiten, die man in der Sprache der Bibel als apokalyptisch bezeichnet. Sinn des Wortes Apokalypse ist, daß das Verborgene offenbar wird. Ganz allgemein ausgedrückt bedeutet das für unsere Situation: Wir gehen einem Punkt ent-gegen, an dem wir mit einer Wirklichkeit und Wahrheit konfron-tiert werden, an der wir Jahrhunderte lang vorbeigelebt haben.

Wird offenbar, was die Bibel voraussagt: Untergang der Welt? Wie-derkunft Christi durch eine Katastrophe hindurch? Schöpfung eines neuen Himmels und einer neuen Erde, nachdem die alte Welt unter-gegangen ist?

Wie sieht es der Christ?

Im Jahre 1973 stritten deutsche Fernsehgewaltige darüber, ob ein Film — in den Kellern St. Paulis in Hamburg aufgenommen — die brutale, satanische Praxis einer heute schon nicht mehr außer-gewöhnlichen Christentumsfeindschaft im Fernsehen demonstrieren darf. In einem Hamburger Untergrundlokal wurde das Christentum verhöhnt. Vor dem Hintergrund eines bis zur Decke reichenden Kruzifixus wurde eine Abendmahlsfeier als Vereinigung mit dem teuflischen Leibe zelebriert. Von einem in Talar gekleideten Teufelsdiener wurde ein Knabe vom Tode auferweckt: Verhöhnung einer Heilandstat Christi — die Auferweckung eines toten jungen Menschen zu neuem Leben wurde zur Show vom wiedererweckten Lustknaben umstilisiert. Dann präsentierten Hexentänze und Obszönitäten rauschhafte Gotteslästerung.

Sicherlich nur ein Beispiel, aber eines von vielen anderen, die den Gipfel eines Eisbergs massiver Christentumsfeindschaft auf der ganzen Welt anzeigen. Die Gebote werden verneint, die Ordnungen Gottes verächtlich gemacht, die Ehrfurcht vor dem Heiligen verhöhnt. Die christliche Wahrheit in der Offenbarung Christi wird zu einer Doktrin menschlicher Selbsterlösung umfunktioniert, während die Unterdrückung der Christen in der ganzen Welt zunimmt und dieses Jahrhundert bereits heute mehr christliche Märtyrer hat als irgendein anderes Jahrhundert in der Geschichte der Christenheit.
Christenmenschen sehen diese Zeichen. Sie verstehen sie als Hinweis auf eine Zeit, die ihre Zwiespältigkeit und Gefährdung nicht mehr verbergen kann. Ernsthaft fragen Christen: Kommt die Endzeit? Sie wissen, wenn keine Umkehr kommt, dann bewegt sich diese Gesellschaft zwangsläufig auf die Katastrophe zu, auf Untergang und Gericht. Christen aber wissen auch, daß durch diese Katastrophe hindurch Christus wiederkommt, um Gerechtigkeit, Wahrheit, Schönheit des ewigen Lebens in einem neuen Himmel und einer neuen Erde zu bringen.

INHALT

1. Kapitel

Die Zeit rast — wohin?

Tatsachen, die die Welt verändern

Je älter der Mensch wird, um so schneller vergeht die Zeit. Wenn eine Mutter ihr zweijähriges Kind zwei Stunden auf ein Bonbon warten läßt, dann ist diese Zeit für das Kind genausolang, als wenn die Mutter selbst zwölf Stunden auf eine Tasse Kaffee warten müßte.

Was für den einzelnen gilt, gilt für die ganze Menschheit. Je älter diese Menschheit wird, um so schneller lebt sie. Das 1784 in England eingesetzte Postkutschensystem bescherte den Reisenden eine Geschwindigkeit von 15 km die Stunde. 1825 brachte es die Dampflokomotive auf 20 km, schon 1880 gab es Lokomotiven, die 150 km schafften, 1938 konnte ein Flugzeug 600 km bewältigen, und heute bewegen wir uns mit Schall- und Überschallgeschwindigkeiten.

Als man die Eisenbahn in Preußen einführte, meinte der König, er könne es nicht verstehen, warum es so nötig wäre, eine Stunde früher oder später in Potsdam anzukommen. Nun — es ist wichtig geworden. Wir fragen nicht, warum es so ist — wir nehmen die Tatsache hin. Die Zeit überfällt uns schockartig mit immer neuen Tatsachen, ehe wir uns an die alten gewöhnt haben.

Es ist so: Die Zeit rast — aber wohin rast sie? Was steht am Ende dieser Bewegung — oder gibt es kein Ende, kein Ziel, keine Endstation?

Als Jesus von Nazareth gemäß der damaligen Ordnung in der Synagoge Israels einen Abschnitt aus dem Alten Testament vorlas und dann diesen Abschnitt erklärte, gab es Ärger. Die Zuhörer wollten ihn sogar steinigen. Was war geschehen? Jesus hatte eine Stelle aus dem Alten Testament vorgelesen, in der von der Zukunft die Rede war. Die P r o p h e t e n des Alten Bundes glaubten daran, daß es ein E n d e   u n d   e i n   Z i e l   d e r   Z e i t gibt. Für sie war Leben auf Zukunft nicht eine Reise in die Ziellosigkeit. Alles kommt von Gott, und alles führt zu Gott. Am Ende steht das Reich Gottes, dann werden die zerstoßenen Herzen geheilt, die Gefangenen werden frei, die Blinden werden sehen, und die Zerschlagenen und Zerschundenen sollen aufgerichtet werden.

Auf dieses Ende der alten und den Anfang einer neuen Welt wartete man in Israel. Und darüber wollte man nun von dem Jesus von Nazareth eine Predigt hören. Aber Jesus hielt keine Predigt. Er sprach nur einen einzigen Satz: „Heute ist diese Schrift erfüllt vor euren Ohren" (Luk. 4,21).

Das war also ganz schlicht die Behauptung: Das Ende ist schon da, das Ziel erreicht. Und es konnte auch kein Mißverständnis darüber geben, daß dieser Jesus aus Nazareth sich selbst als das Ziel der Menschheit vorstellte, also die Nähe des Reiches Gottes, die Erfüllung der Sehnsucht und Hoffnung solcher Menschen, die nicht ziellos leben können. D e n n   d e r   M e n s c h   i s t — wie der Philosoph Ernst Bloch einmal sagte — „ u n d i c h t ", er fühlt sich immer in die G e g e n w a r t   e i n g e s p e r r t, er will hinaussehen durch die undichten Stellen der Gegenwart in eine bessere Zukunft, die den Sinn seines Lebens erfüllt.

Diese Zukunft ist erreicht — das war die Aussage des Jesus in der Synagoge von Nazareth. D a s   R e i c h   G o t t e s   i s t   a n g e - b r o c h e n. Seine Heilandstaten: die Heilung der Kranken, Auferweckung der Toten, seine vollmächtigen Worte sind die Anzeichen des Einbruchs des Gottesreiches in diese Welt.

Diese Rede erregte Ärgernis. So billig hatte man sich das nicht vorgestellt. Zwar hatte man damals keine klaren, allseits akzeptierten Vorstellungen davon, wie es denn nun sein würde, wenn die Uhren der alten Welt einmal abgelaufen sind, aber spektakuläre, gewaltige, triumphale, umstürzende Zeichen hatte man mit Sicherheit erwartet. Da gab es auch viele persönliche Wünsche: Freiheit von Armut, Krankheit und Sorge, glückliche Zeiten usw. Und davon spürte man damals nichts in der Synagoge von Nazareth. Und davon merkt man heute auch nichts in den Kirchen der Christenheit, denn — so sagte man damals und heute: Es ist ja alles beim alten geblieben.

Aber es ist nicht alles beim alten geblieben, und es wird auch nicht alles beim alten bleiben.

Als J e s u s in diese Welt kam, b r a c h t e e r d e n A n f a n g — n i c h t d i e V o l l e n d u n g d e s R e i c h e s G o t t e s. Sein Anfang des Reiches Gottes ist die Vergebung der Feindschaft gegen Gott, das Leben aus dem Gebet, das Leiden und Sterben in der Kraft Christi, die Überwindung des Todes im Sieg der Auferstehung Jesu.

Aber das ist nur der Anfang! Eindeutig ist das Zeugnis Jesu von seiner Wiederkunft, vom Untergang der alten Welt und vom Kommen einer neuen Welt, eines neuen Himmels und einer neuen Erde.

Aber: Das Neue kommt nur aus dem Untergang des Alten. D a s R e i c h G o t t e s w i r d i n S c h m e r z e n , i n „ e n d - z e i t l i c h e n W e h e n " g e b o r e n.

Seit der Predigt in der Synagoge von Nazareth bricht sich das Reich Gottes seine Bahn, es wird gleichsam ausgebrütet, bis die Zeit erfüllt ist. Das neue Leben sprengt dann die zum Sterben verurteilten Formen der alten Welt. Die kosmische Struktur, die Ordnungen des Lebens dieser Welt werden sich auflösen, bis Christus triumphierend und sichtbar wiederkommt: „Denn wie der Blitz ausgeht vom Aufgang und leuchtet bis zum Niedergang, wird auch sein das Kommen des Menschensohnes!" (Matth. 24,27.)

Je s c h n e l l e r d i e M e n s c h h e i t l e b t , je mehr wir uns vom Tag der Predigt in der Synagoge zu Nazareth entfernen, u m s o s c h n e l l e r r a s t d i e Z e i t d e r W i e d e r - k u n f t e n t g e g e n , werden die Zeichen sich mehren, die den Niedergang der alten Welt bezeugen.

Und diese Zeichen melden sich heute in überstürzender Eindringlichkeit: Zerstörung der Umwelt, Bedrohung der planetarischen Struktur, Auflösung der Gesellschaftsordnung, Auflösung von Ehe und Familie, das „Erkalten" der Liebe (Matth. 24,12) (sprich: Das Wachsen von Aggression und Ehrfurchtslosigkeit) — all das sind die S c h a t t e n d e s E n d e s , d i e a u f u n s e r e Z e i t f a l l e n.

Wir sind aufgerufen, diese Zeichen zu deuten: „Über des Himmels Aussehen könnt ihr urteilen; könnt ihr dann nicht auch über die Zeichen dieser Zeit urteilen?" (Matth. 16,3.)

Wie stehen die Zeichen der Zeit?

Wo ist unser Platz in der Zeitspanne zwischen dem ersten Kommen Christi und seiner Wiederkunft am Ende der Zeiten?

Können wir aus der Gegenwart ablesen, „was die Stunde geschlagen hat"?

Am 26. Juli 1972 hielt der heute in Paris lebende Dichter Eugène Ionesco zur Eröffnung der Salzburger Festspiele die Festrede. Diese Rede schockierte die Zuhörer. Was wurde gesagt?

Eugène Ionesco malte ein düsteres, unheimliches Bild vom Leben in unserer Zeit. Der Dichter sieht: Unsere Kultur ist brüchig geworden. Die Industrie führt zur Zerstörung von Erde und Atmosphäre. Eine kosmische Katastrophe bedroht uns. In der menschlichen Gesellschaft wachsen die Spannungen: „Wir leben im Zeitalter des Zorns. Nur der Zorn kann uns so unaufhaltsam und unausweichlich in den Untergang führen. Unsere Zivilisation war auf der Suche nach dem Glück und hat nur Niederlagen, Unglück und Tod erlitten."

In der Kunst unserer Tage sieht Ionesco nur einen Abstellraum unserer Verzweiflung. Linke wie rechte Gesellschaftsordnungen beurteilt der Dichter als „infernalisch": „Die Dämonen, die wir gebannt glaubten, erheben sich in unserem Innern und peinigen uns. Unsere Wunden brechen auf, und wir werden lebendig aufgespießt."

Einen Ausweg sieht Ionesco nicht, denn „die Religionen" — so meint er — sind machtlos, und das westliche Bürgertum ist weich geworden. Die Jugend sieht er orientierungslos zwischen dem Wunsch nach freier Entfaltung aller Begierden und der Bereitschaft nach bedingungsloser Unterwerfung unter eine diktatorische Ordnung hin und her schwanken. Technokraten und Diktatoren drohen unsere Gesellschaft in ihre herrschsüchtigen Hände zu nehmen.

Ionesco meint, daß die politischen Führer die Menschen nicht lieben, sondern nur Instrumente der Macht aus ihnen machen wollen. Der Mensch steht nur noch sich und seiner Apparatewelt gegenüber — und (so der entscheidende Satz seiner Rede): „Wir können nicht mehr zum Himmel blicken!"

Soweit die Meinung eines Dichters. Wie steht es mit den Tatsachen? Man rechnet damit, daß es in hundert Jahren etwa fünfzehn Milliarden Menschen geben wird — viermal soviel wie heute — und daß bis dahin kein Mittel der Geburtenkontrolle daran etwas ändern wird — auch nicht die zum Teil sehr rückläufige Geburtlichkeit bei einigen Industrienationen des Westens. Pro Jahr sterben aber schon jetzt nach Schätzungen einer UN-Kommission über zehn Millionen Menschen vor Hunger.

Die Sorgen angesichts der Tatsachen: Werden wir die Menschen ernähren können? Werden die in Riesenstädten kasernierten Menschen einander seelisch ertragen können? Oder w e r d e n d i e s e e - l i s c h e n S p a n n u n g e n d e n G r a d d e r U n - e r t r ä g l i c h k e i t e r r e i c h e n , daß sie entweder diktatorisch gelenkt oder sich willkürlich in Explosionen des Hasses und der menschlichen Selbstzerfleischung entladen müssen? Oder wird zwangsläufig der Freiheitsraum so eingeengt werden, daß wir nur noch stumpf-geduldig dahinvegetieren? Die Visionen einer Großstadt des nächsten Jahrhunderts von dem Weltstararchitekten Constantinos Doxiadis ließen mich erschaudern!

Wenn alle Bewohner dieser Erde den Lebensstandard hätten, wie die Amerikaner ihn heute schon haben, gäbe es in vier Jahren kein Öl und in 25 Jahren keine Eisenerze mehr. Und die Amerikaner wollen noch besser leben, und die Armen dieser Erde wollen wie die Amerikaner leben. Wohin rast die Zeit?

Wird die Zukunft von selbst die Lösung der Probleme bringen? Werden wir neue Energiequellen nutzen — etwa die Atomenergie? Forscher befürchten, daß neue Energieformen den Wärmehaushalt der Erde so durcheinander bringen, daß menschliches Leben entweder durch Hitze- oder Kältetod bedroht werden wird.

Z u m e r s t e n m a l i n d e r G e s c h i c h t e d e r M e n s c h - h e i t w e r d e n w i r i m B l i c k a u f d i e u n m i t t e l - b a r e Z u k u n f t m i t d e n k b a r e n , j a m a n c h m a l s o g a r v o r a u s s e h b a r e n T a t s a c h e n k o n f r o n t i e r t , d i e e i n e b i b l i s c h e D i m e n s i o n d e r E n d z e i t l i c h - k e i t h a b e n . Das heißt: Die Aussagen der Bibel über das Ende der Welt, über die kosmische Katastrophe, Zerstörung von Erde und Atmosphäre können nicht mehr als märchenhafte Phantasiegespinste abgetan werden, sondern sind — um es einmal ganz primitiv auszudrücken — technisch möglich geworden.

Aber nicht nur die äußeren Bedingungen unseres Lebens sind im Laufschritt auf die Katastrophe hin. Auch d i e s o g e n a n n t e n N o r m e n , die Moral, die Ansicht über Gut und Böse g a l l o p - p i e r e n a u f t o t a l e R e v o l u t i o n i e r u n g .

Nach dem Gesetz der speziellen Relativitätstheorie von Einstein sind Zeit und Raum relativiert. An einem Beispiel: Wer selbst auf dem Wagen der Moralrevolution sitzt und Tag für Tag, sei es auch nur auf dem Wege des Kompromisses, einen Abstrich nach dem anderen macht, merkt die Rasanz dieser Bewegung nicht. Anders stehen die Messungen, wenn wir das Rasen des Zeitgeistes von einem ruhenden Bezugspunkt aus betrachten, nämlich von den Geboten der Bibel. Wer die Kapitel der Bibel über Gebote, Recht, Heiligkeit und Gerechtigkeit liest, der muß fast davon überzeugt sein, daß bald das Gericht Gottes in diese Welt einbrechen wird, so wie es über Sodom und Gomorra, Assur und Babylon, Rom und Ägypten angebrochen war.

Wir sind am Nerv unseres Themas: Was immer diese Zeit bringt, was ihr Stil gibt, was auf den Weg von morgen zeigt — das ist gut. Wir sind betrunken durch den Zeitgeist. W i r   b e t e n   d i e   Z e i t a n   w i e   e i n e n   G o t t.   W i r   s i n d   G e f a n g e n e   d e r Z e i t   bis zur Aufgabe unseres Selbst. Wir haben keine Maßstäbe mehr für das, was Gut oder Böse ist in der Zeit, weil die Zeit selbst zum Maßstab aller Maßstäbe wurde. „Das ist alt" oder „das ist 19. Jahrhundert" genügt, um Argumente totzuschlagen. W i r   s i n d   „ Z e i t t ä t e r "   g e w o r d e n, weil wir tun, was die Zeit von uns getan haben will.

Wenn frühere Kulturen das Alter ehrten, dann lag darin die Erkenntnis, daß es Werte gibt, die über allen Zeiten stehen und daß es Maßstäbe gibt, die durch keine Mode abgelöst werden können. Heute dressieren die Kinder ihre Eltern. In ihrem Buch „Die dressierten Eltern" (1972) zeigt Monika Sperr, daß heute Eltern ihre Kinder als Vorbilder betrachten, daß Mütter sich wie Teenager und Väter sich wie Boys benehmen und kleiden. Warum? Weil man das Vertrauen in sich selbst verloren hat, weil Erwachsene pausenlos der Zeit nachjagen, weil — wie sie meinen — nur dem Jungsein die Zukunft gehört, weil die Zeit zum Gott wurde und weil man diesen Gott nur anbeten kann, wenn man ihm seine Vergangenheit zum Opfer in den Rachen wirft.

Früher opferten heidnische Völker ihre erstgeborenen Kinder dem Moloch — heute ist es umgekehrt: Vor einigen Jahren wurde auf einer Schülerkonferenz in Bad Lauterbach darüber diskutiert, ob Menschen, die über sechzig Jahre alt sind, getötet werden sollten — das A l t e r   i s t   w e r t l o s, weil es nicht in die Zeit paßt.

Ist die Gemeinde Christi vor diesem Kult mit dem Zeitgeist bewahrt? Man spricht heute vom „H o r i z o n t a l i s m u s " in der Kirche und meint damit, daß alle Geschehnisse — auch die Aussagen der Bibel — so gesehen und angenommen werden sollen, a l s w e n n   e s   e i n e   ü b e r   a l l e   Z e i t e n   s t e h e n d e   E w i g - k e i t   g a r   n i c h t   g ä b e. Wiederkunft Christi bedeutet dann nicht die persönliche, für das Ende der Zeiten verheißene Wiederkunft Christi in Herrlichkeit. Man meint vielmehr, daß ein „christliches Prinzip" in dieser Zeit verwirklicht werden soll. Mit anderen Worten: Das Christentum ist nur gut für diese Zeit und für diese Gesellschaft — ein Jenseits dieser Zeit, eine andere Zeit, die Ewigkeit, Himmel und Hölle — das alles interessiert nicht mehr. Der Gott von Ewigkeit zu Ewigkeit, von Zeitalter zu Zeitalter, der eine, treue, in seiner Gerechtigkeit und Liebe unveränderliche Gott, wurde in den Herzen der Zeitgläubigen getötet. Deswegen fehlt die Achse der Zeit — es fehlt die Mitte der Zeit, und die Stunde der Verwirrung ist gekommen.

Von dieser Verwirrung ist die Kirche Christi nicht ausgenommen. Das Schiff der Kirche schwankt im Sturm eines sich chaotisch gebärdenden Zeitozeans.

Christen wissen, daß sie am Rande eines endzeitlichen Dramas leben. Der Christ ist Realist, er sieht nicht aus Schadenfreude, so als ob nun bestätigt würde, daß es kommt, wie es geweissagt wurde, auf die bösen Zeichen unserer Zeit. Daß es so kommt, wie es geweissagt wurde, ist vielmehr Trost und Hilfe — denn: H i n t e r   d e m   Z i e l l o s e n   d e s   C h a o t i s c h e n   i n   u n s e r e r   Z e i t   s t e h t   v e r b o r g e n   d e r   G a n g   d e r   H e i l s - g e s c h i c h t e   G o t t e s. Seitdem das Reich Gottes in Jesus von Nazareth angebrochen ist, leidet dieses Reich Gewalt, und Gewalttätige reißen es an sich (Matth. 11,12). Aber dadurch wird die Vollendung dieses Reiches mit der Wiederkunft Christi nicht aufgehalten: „Das Reich muß uns doch bleiben." Der Christ weiß eben um den Sinn hinter dem anscheinend Sinnlosen.

Wann wird es geschehen?
Wir wissen weder Tag noch Stunde. Wer die W i e d e r k u n f t   C h r i s t i   b e r e c h n e n will, der will Gott berechnen — das i s t   S ü n d e.
Als Jona in Ninive Buße und Gericht predigte, ärgerte er sich, als das Gericht nicht kam. Er hatte sich verrechnet, die Freiheit Gottes mißachtet: Wir sollten nicht in denselben Fehler verfallen. Wir

sehen die Zeichen der Auflösung — aber wenn Gott es gefällt, kann er noch einmal einen Aufschub schenken, und dann dürfen wir nicht verbittert sein wie Jona, der mit Gott haderte, weil er gnädig war.

Die Zeichen der Zeit sind so, daß Wachsamkeit geboten ist. Jahrhunderte hindurch stand die Lehre von der Endzeit am Rande christlicher Verkündigung. Heute ist die Stunde gekommen, von der Endzeit her unser Heute zu sehen. Und so geschieht es auch bei allen Christen, die in der Bibel den ruhenden und gültigen Bezugspunkt für die Geschehnisse der Zeit haben. Deswegen können sie durch nichts verängstigt werden, was auch immer geschehen mag, denn sie wissen um das Ziel.

Wer aus diesem ruhenden Bezugspunkt lebt, muß zweierlei bedenken: 1.: Die quälenden Realitäten für Gegenwart und Zukunft. 2.: Die Verheißung, daß alles in der Wiederkunft Christi überwunden wird.

Die Christen haben Zukunft, weil sie wissen, was am Ende sein wird. Am Anfang und am Ende steht Christus selbst; er ist das A und das O, der Anfang und das Ende, und er hat seiner Gemeinde bereitet, was kein Auge gesehen und kein Ohr gehört hat (1. Kor. 2,9).

Zeit, Zeitgeist und Herr der Zeit

Auf der Mittelmeerinsel Kreta — so schildert es Alwin Toffler in seinem Buch „Zukunftsschock" (1970) — leben in fast völliger Weltabgeschiedenheit um die fünfzig Amerikaner. Sie wohnen in Höhlen. Die Höhlenbewohner sind aus der Zeitrasanz ausgestiegen, weil sie die Zeit nicht mehr ertragen konnten.

Es sind aber nicht nur diese Amerikaner, die die Zeit nicht mehr ertragen können. Die Zahl derer, die im Zeitstreß zugrunde gehen, wird immer größer. Psychologen und Mediziner können davon ein Lied singen. Viele fühlen sich überfahren, insbesondere alte, kranke und schwache Menschen, die ängstlich im Gewirr unserer Zivilisation als Untertanen des Zeitgeistes vegetieren müssen wie die Sklaven oder Leibeigenen früherer Zeiten unter ihren Herren.

Viele sind ausgestiegen. Sie sind in die innere Emigration gegangen oder suchen die Betäubung: Gammler, Alkoholiker und Rauschgift-süchtige fliehen vor der Zeit, weil sie Angst vor ihr haben. Warum? Angst in der Zeit bedeutet O h n m a c h t i n d e r Z e i t. Man fühlt sich allein, weil der Einbruch des Ewigen und Zeitlosen in die Zeit nicht mehr geglaubt und auch kaum noch verkündigt wird. Die von Gott verlassene Zeit wird unerträglich wie die Leere und die Einsamkeit einer Wüste.

Im Johannesevangelium (1,45 ff.) gibt es die Geschichte von einem Mann, der (sein Name ist Nathanael) sich nicht vorstellen konnte, daß aus Nazareth etwas Gutes kommen könne. Er stand Jesus kritisch gegenüber. Als Jesus Nathanael sah, sagte er zu ihm: „Ein echter Israelit, in dem kein Falsch ist" (Joh. 1,47). Nathanael — immer noch kritisch — fragt zurück, woher Jesus ihn überhaupt kenne. Da kommt die entscheidende Antwort Jesu: „...da du unter dem Feigenbaum warst, sah ich dich." Und Nathanael bekennt sofort: „...Du bist Gottes Sohn."

Als Nathanael „unter dem Feigenbaum war", war er allein. Er muß sehr allein gewesen sein in einer für ihn bedeutsamen, vielleicht quälenden Stunde, denn er erinnerte sich ja noch sehr genau daran. Jetzt wird ihm gesagt, daß er damals nicht allein war, daß Christus ihn sah! A l s o : K e i n e e i n s a m e , k e i n e l e e r e Z e i t ! D i e Z e i t i s t u n t e r d e n A u g e n G o t t e s .

Die Zeit ist unter der Führung Gottes; denn Nathanael erlebte die Führung in seinem Leben: Er begegnete Christus. Nathanael wurden die Augen geöffnet. Zwischen dem „Damals unter dem Feigen-baum" und dem Augenblick, da er Christus begegnete, gab es einen Zusammenhang: Leben ist F ü g u n g !

Leben heißt also nicht, Zeit sinnlos verbrauchen. Leben heißt nicht, einer sinnlosen und leeren Zeit gegenüberstehen. Die Stunden, Tage, Jahre und Jahrmillionen sammeln sich nicht zur Wüste der Zeit. Gott hat die Zeit geschaffen, hat ihr Anfang und Ende gesetzt — das gilt für die Welt wie für jeden einzelnen Menschen. Gott hat die Zeit in seinen Händen. Wer das weiß, für den ist die Welt offen — deswegen konnte Christus zu Nathanael sagen: „Von nun an werdet ihr den Himmel offen sehen" (Joh. 1,51). Den Himmel offen sehen bedeutet: G o t t e s F ü g u n g i m e i g e n e n L e b e n e r k e n n e n . Alle Geschehnisse sind Zeichen Gottes: in der

Heimsuchung, in der Bewahrung, in der Züchtigung, im Sterben, im Leiden und dann in der Auferstehung.

Also vertraut der Christ dem Gang der Zeit, weil er den H e r r n d e r Z e i t k e n n t. Vertrauen macht bereit, etwas zu wagen und zu tun. Vertrauen setzt Kräfte frei — gerade für die Zukunft. Wenn Christus sagt: „Trachtet am ersten nach dem Reiche Gottes und nach seiner Gerechtigkeit, so wird euch solches alles zufallen" (Matth. 6,33), dann bedeutet das doch: Wenn wir die Zielvorstellung haben, daß die Zukunft für uns immer das Handeln Gottes bringt, dann haben wir auch Vertrauen für die Zukunft. Und wenn wir Vertrauen für die Zukunft Gottes haben, haben wir Kraft für die Zukunft, und dann werden wir unser Leben sinnvoll durch die Zeit führen.

Aber wer lebt so mit der Zeit? Wer ist wirklich Herr über die Zeit, weil er an den Herrn der Zeit glaubt? Wer entscheidet sich wirklich ernstlich für den A u s z u g aus der G e f a n g e n s c h a f t d e r Z e i t, so wie einst Israel die Gefangenschaft der ägyptischen Götzenherrschaft verlassen hat?

Christen leben heute weitgehend e n t s c h e i d u n g s l o s. Pastoren und Prediger klagen darüber. Man will gern zuhören und diskutieren — aber wie selten ist man bereit, sich zu entscheiden, zu bekennen und Verantwortung zu übernehmen! Man macht nur „halb" mit. Man ist nicht bereit, sich ganz und gar mit der Botschaft zu identifizieren, die man gerade gehört hat. Und viele wollen lieber einen Vortrag über Gott hören, als an Gott glauben, und mancher möchte lieber einen Vortrag über den Himmel hören, als in den Himmel hineinkommen. Soziologen nennen diese Verhaltensweise einen „B e z i e h u n g s v e r l u s t".

Was heißt Beziehungsverlust? Warum gibt es diesen Beziehungsverlust? Die Antwort ist einfach: Wir s p i e l e n z u m e i s t n u r R o l l e n, die uns vom Geist der Zeit diktiert werden: Der eine spielt Revolutionär, der andere hat ein Motorrad und kraftstrotzt in Lederuniform, ein Mädchen macht auf „keep smiling", weil sie sich auf den Traumberuf einer Stewardes einspielt — man spielt Rollen, die die Zeit aufdrängt, die aber nicht im Einklang stehen mit dem wahren Ich. Es kommt dann dahin, daß wir eines Tages gar nicht mehr wissen, w e r w i r ü b e r h a u p t s i n d. Psychologen nennen das die Identitätskrise. Das bedeutet: In dem, was wir tun, sind wir mit uns selbst nicht im Einklang; wir haben unsere Seele verloren. Die Zeit hat unser Ich zugeschüttet.

Die Zeit demontiert also gleichsam unser Ich. Sie zernagt aber auch unsere Erkenntnis Gottes. Man glaubt oft nur noch traditionell, aber nicht mehr ehrlich an Gott.

Im Blick auf die Endzeit schreibt der Apostel Paulus an Timotheus: Menschen haben den „Schein eines gottesfürchtigen Wesens, aber seine Kraft verleugnen sie..." „Sie lernen pausenlos, aber kommen nicht zur Erkenntnis der Wahrheit." Das Ergebnis: „Menschen mit zerrütteten Sinnen, untüchtig zum Glauben..." (2. Tim. 3,5—9.) Sogenannte theologische Diskussionen können heute den Vorgeschmack der Hölle geben. Eine entsetzliche V e r w i r r u n g gerade angesichts der entscheidenden Sinnfragen unseres Lebens greift um sich. Das alles geschieht, obgleich unser Wissen von Tag zu Tag immer neue gewaltige Steigerungsraten erreicht. Bis zum Jahre 1500 erschienen in Europa pro Jahr etwa 1000 neue Bücher — 1950 waren es 120 000, und heute erscheinen in der ganzen Welt pro Jahr etwa 400 000 neue Bücher. Wir lernen und l e r n e n — a b e r f i n d e n w i r d i e W a h r h e i t ? Ein Informationsterror bricht auf uns ein. Wieviel Informationen, Meinungen, politische und wirtschaftliche Werbebilder schlucken wir täglich freiwillig oder unfreiwillig von der Morgenzeitung bis zum abendlichen Fernsehen!

Wenn politische Häftlinge durch Gehirnwäsche für ein Geständnis reif gemacht werden sollen, dann werden sie zunächst einmal mit Reizen überflutet: Licht- und Geräuscheffekte, Kaskaden von Worten und Fragen schaffen eine totale Verunsicherung.

Mit diesem Verunsicherten kann man dann machen, was man will. U n s e r e Z e i t s e l b s t i s t s o l c h e i n e G e h i r n - w ä s c h e — der Geist der Zeit verunsichert uns mehr von Tag zu Tag.

Die V e r u n s i c h e r u n g angesichts der Zukunft wächst: Was wird nach dem Tode sein? Wie werden wir das Generationsproblem bewältigen? Welche Werte werden morgen noch gelten? Welche politische oder wirtschaftliche Ordnung wird für die Freiheit unseres Lebens morgen noch garantieren können?

Der Geist der Zeit ist nicht der Geist Gottes, der Zeitgeist ist nicht der Heilige Geist. Was „man glaubt und denkt", ist nicht das, was Jesus uns zu glauben und denken lehrte. Wir werden die Geister prüfen: „Prüfet die Geister, ob sie von Gott sind" (1. Joh. 4,1), mahnt der Apostel Johannes.

Seit Christus auf diese Erde gekommen ist, bewegt sich die Zeit auf ihr Ende hin. Am Ende steht Christus als der Richter zwischen Glaube und Unglaube, Wahrheit und Lüge. Schon durch sein Kommen auf diese Erde vor zweitausend Jahren ist das Gericht angebrochen: „Jetzt geht das Gericht über die Welt", sagt Christus (Joh. 15, 31); denn „das ist das Gericht, daß das Licht in die Welt gekommen ist" (Joh. 3,19). Das bedeutet: D u r c h C h r i s t u s i s t d i e S p a n n u n g i n d i e Z e i t g e k o m m e n .
Die Zeit steht in der Spannung, und auch der Christ lebt in der Spannung — das Reich der Vergänglichkeit und Nichtigkeit und das Reich der Wahrheit bilden nicht nur das S c h l a c h t f e l d d e r Z e i t , sondern auch den Kampfplatz in unserer eigenen Seele.
Genau das meint der Apostel Petrus, wenn er sagt: „Lasset euch die Hitze nicht befremden, die euch widerfährt, daß ihr versucht werdet. Meinet nicht, es widerführe euch etwas Seltsames, sondern freut euch, daß ihr mit Christus leidet..." (1. Petr. 4,12.) Und der Apostel Paulus läßt darüber keinen Zweifel, daß die, „die gottesfürchtig leben wollen in Christus Jesus, Verfolgung leiden müssen" (2. Tim. 3,12). Denn auch darüber gab es für den Apostel Paulus keinen Zweifel, daß seit Christi erstem Kommen auf diese Welt „das Ende der Welt gekommen ist" (1. Kor. 10,11). Und der Apostel wußte auch, daß die Nacht ein Ende hat: „Die Nacht ist vorgerückt, der Tag aber nahe herbeigekommen" (Röm. 13,12).
Das Reich Gottes ist angebrochen.
Das Reich Gottes umgreift die Gemeinde der Gläubigen.
Das Reich Gottes treibt diese Welt zum Untergang, weil es triumphieren will.
Das Reich Gottes provoziert die Mächte der Finsternis, schafft geistlichen Kampf in Verfolgung und Anfechtung.
Das Reich Gottes nimmt unsere Seele auf, wenn wir sterben.
Das Reich Gottes wird offenbar am Ende der Zeit, wenn Christus wiederkommt und ein neuer Himmel und eine neue Erde geschaffen werden.

Information: Zukunftsforschung, Endzeitberechnung

Endzeitliches Theater

Der Dramatiker Eugène Ionesco, der heute in Paris lebt, hat schon in den fünfziger Jahren dieses Jahrhunderts in seinen Bühnenstücken scharfe Kritik an der Gesellschaft eines glaubenslosen Bürgertums geübt und gleichzeitig so etwas wie e n d z e i t - l i c h e s   T h e a t e r geschrieben. In dem Bühnenstück „Les Chaises" (Die Stühle) zeigt er, wie ein Ehepaar für Gäste, die gar nicht da sind, immer mehr Stühle in die Wohnung stellt. Schließlich ist die Wohnung überfüllt, und das Ehepaar begeht Selbstmord, es ist kein Platz mehr da, beide springen aus dem Fenster. In dieser etwas skurrilen Weise will Ionesco zeigen, daß wir die Zeit so ausfüllen mit falschen Erwartungen und sinnlosen Handlungen, daß am Ende die Welt der Dinge den Menschen erdrückt.

Zukunftsforschung

Gegenwärtig wird der Literaturmarkt mit f u t u r o l o - g i s c h e n   B ü c h e r n (Futurologie heißt Wissenschaft von der Zukunft), also mit Voraussagen über die Entwicklung der Menschheit in der Zukunft überschwemmt. Ein Zeichen dafür, daß dieses Problem längst alle Nachdenklichen bewegt.

Aus der Fülle des Angebotenen nenne ich in diesem Kapitel nur Alvin Tofflers „D e r   Z u k u n f t s - s c h o c k" (1970). Die amerikanische Originalausgabe enthält eine fast komplette Zusammenstellung vor allem des englischen und amerikanischen Schrifttums zur Zukunftsforschung. Einige Beispiele und Fakten dieses Kapitels wurden dem Buch von Toffler entnommen, das sich vor allem mit den Reaktionen des Menschen auf die sich verändernde Welt auseinandersetzt.

Zukunftsschock bedeutet für Toffler das lähmende Erschrecken angesichts einer bedrohlichen Zukunft. Er meint, daß der Zukunftsschock eine der ernsthaftesten Krankheiten von morgen sein wird.

Ebenfalls verständlich für breitere Leserkreise ist das Buch von G. R. Taylor „D a s   S e l b s t m o r d p r o - g r a m m" (1970). In diesem Buch werden vornehmlich die kosmischen und biologischen Gesichtspunkte der Zukunftsforschung berücsichtigt. Wie Toffler kommt auch Taylor zu einer weitgehend negativen Diagnose unserer Zukunft. Fast alle Futurologen sehen „schwarz" in die Zukunft. Die Zeit des Zukunftsoptimismus ist vorbei, die „Fortschrittlichen" sind flügellahm geworden.

Es gibt viele Versuche, die Endzeit, also die Wiederkunft Christi entweder zu berechnen oder genau in die Vorstellungswelt des Menschen einzubetten. Viele christliche Schriftsteller wollten sich das Wie, Wo und Wann der Wiederkunft Christi genau vorstellen können. Aus der Fülle der Beispiele möchte ich nur einige herausgreifen:

Johann Albrecht Bengel, dem Erzvater des württembergischen Pietismus, gebürt das Verdienst, die Wiederkunft Christi wieder in den Mittelpunkt der Verkündigung gerückt zu haben. Im 18. Jahrhundert stand dieses Thema fast ganz und gar außerhalb christlicher Lehre und Predigt. Der Prälat Bengel berechnete dann aber die Wiederkunft Christi anhand der Offenbarung des Johannes genau für das Jahr 1836. In diesem Versuch ist Bengel weit über das hinaus gegangen, was einem christlichen Verkündiger erlaubt ist.

In unserer Zeit haben Hal Lindsey und Carole C. Carlson mit dem Buch „Alter Planet Erde wohin?" (Übers. der amerikanischen Originalausgabe erlebte in zwei Jahren, 1971 und 1972, fünf Auflagen!) zwar nicht eine so genaue Berechnung der Wiederkunft Christi aufgestellt, aber doch versucht, sie genau mit dem politischen Geschehen unserer Tage in Verbindung zu bringen. Angelpunkt dieser politischen Wirklichkeit ist für dieses Buch die Gründung des Staates Israel am 14. Mai 1948. Dabei knüpfen die Verfasser an jene Tradition an, die aussagt, daß das zerstreute jüdische Volk in Palästina wieder einen Staat errichtet, bevor Christus wiederkommt. Unter Berufung auf die Kapitel 38 und 39 des Propheten Hesekiel und durch einige sehr interessante sprachliche Untersuchungen wird dann der endzeitliche Feind aus dem Norden, der vor der

Wiederkunft Christi gegen den Staat Israel streiten wird, als Rußland dechiffriert. Bei H a r m a g e d o n , nach der Meinung der Autoren nahe dem heutigen Haifa, soll dann eine e n d z e i t l i c h e S c h l a c h t zwischen der unter einem antichristlichen Diktator vereinigten EWG und Rotchina stattfinden, nachdem vorher die russischen Heere durch eine Katastrophe vernichtet wurden: „Wenn sich die Schlacht von Harmagedon ihrem Höhepunkt nähert und es so aussieht, als werde alles Leben auf Erden vernichtet, dann kommt Jesus Christus auf die Erde zurück. Er wird die Menschen vor ihrer Selbstvernichtung retten" (S. 200).

Endzeitliche Schlacht bei Harmagedon?

In dem Buch „A u f m a r s c h z u r A p o k a l y p s e " (1971) von dem österreichischen Kulturphilosophen Kurt Besci wird in ähnlicher Weise versucht, die Offenbarung des Johannes unmittelbar mit dem Gegenwartsgeschehen zu konfrontieren. Die Schlacht von Harmagedon hat in diesem Buch fast dieselbe politische Konstellation wie in „Alter Planet Erde wohin?" (Dieses zweifellos bedeutende Buch von Besci bringt übrigens eine ausgezeichnete und umfassende Auswertung und Zusammenstellung von Literatur über das Phänomen Endzeit. Es reicht von der Literatur im eigentlichen Sinne bis zu den Sammlungen von „Privatprophetien", in den unter anderem endzeitliche Schlachten bei Dortmund vorausgesagt werden — also eine breite Auswahl, die das Seltsame und Merkwürdige nicht übergeht.)

K. Besci

Das große S t r a f g e r i c h t ü b e r d i e H u r e B a b y l o n im 17. und 18. Kapitel der Offenbarung des Johannes bezieht Besci auf N e w Y o r k , „die Stadt am Meer". Das Zueinander von Triebhaftigkeit und kapitalistischer Weltgier sieht er in dieser Stadt verwirklicht und in der Johannesoffenbarung angekündigt: „Dieses Wertsystem ist es, das das in der geheimen Offenbarung aufleuchtende Bild der babylonischen Hure verstehen läßt. Die Hure ist die Frau, die sich dem Geld, dem Kapital, diesem abstrakten wirtschaftlichen Intelligenzprinzip der Materie, und nicht dem lebendigen Menschen, seinem Leib, seiner Seele wie seinem Geist hingibt" (S. 205). Besci ist überzeugt, „daß gerade in New York und

New York-Hure Babylon?

nur dort der somit oft verborgene, verdeckte oder überwucherte apokalyptische Charakter zu einer gewaltigen, sich selbst enthüllenden apokalyptischen Chiffre geworden ist" (S. 207), und meint, daß die Stadtlandschaft von New York einem einzigen gro-ßen Atomangriff zum Opfer fallen wird (S. 213).

B. Philbert: Atomare Endzeitkatastrophe?

Der Physiker Bernhard Philbert hat 1964 in seinem Buch „Christliche Prophetie und Nuklearenergie" die atomaren Vernichtungskriege und ihre Schrecken mit den Aussagen der Johannesoffenbarung verglichen — übrigens in einer Art und Weise der Dokumentation, die zumindest nachdenklich stimmen sollte.

Ich bestreite nicht, daß die vielen Versuche, die Wiederkunft Christi durch unsere Vorstellungskraft genau in den Griff zu bekommen, nützlicher sind als der totale Verzicht auf den Gedanken an die persönliche Wiederkunft Christi überhaupt. Dieser Verzicht ist Irrlehre. Andererseits aber kann man leicht an die

Wiederkunftsberechnung ist Frevel

Grenze des Frevels geraten, wenn man das Unvorstellbare der Wiederkunft Christi in allzu menschliche Bilder und Denkformen einpressen will. Jede Weise der Berechnung der Wiederkunft Christi aus der Konstellation des gegenwärtigen politischen Geschehens ist fragwürdig. Dieser Versuch ist genauso problematisch wie das Unternehmen, aufgrund der gegenwärtigen kosmischen, biologischen oder gesellschaftskritischen Bedrohung unserer Zeit eindeutig und definitiv einen Zeitpunkt der Wiederkunft Jesu Christi zu errechnen.

Für unsere Überlegungen über die Zukunft gilt die Bibel mit ihrer doppelten Mahnung:

1. Wir sollen die Zeichen der Zeit sehen! (Matth. 16,3.) Diese Zeichen stehen allerdings auf Sturm. Bedrohung der Struktur unseres Planeten, Zerfall der Gesellschaft, Wachsen des Christushasses, Anhäufung politischer Machtkonstellationen, unheimliche Steigerung der Zerstörungskraft menschlicher Waffen — das alles steht in der Dimension der Endzeit. Offensichtlich gewinnen die Aussagen der Johannesoffenbarung durch

die Realitäten der Gegenwart von Tag zu Tag eine immer klarer werdende, das heißt immer einsichtiger werdende Beziehung zum Weltgeschehen.

2. Der Herr kommt wie ein Dieb in der Nacht. W i r w i s s e n w e d e r T a g n o c h S t u n d e (Matth. 24,43; 1.Thess. 5,2). In unserer Zeit, so wie wir sie heute erleben, müssen wir i m m e r bereit sein, die Wiederkunft zu erleben, ohne die Bedingungen seines Kommens zeitlich auszurechnen.

Zwischen diesen Aussagen liegt e i n e n i c h t a u f z u l ö s e n d e S p a n n u n g, in der und mit der die endzeitlich lebende christliche Gemeinde gelebt hat, lebt und leben muß — bis zu dem Tage, an dem Er wiederkommt.

2. Kapitel

Untergang der Welt –
Untergang des Abendlandes?

Geht die Welt kaputt?

C. R. Taylor bringt in seinem bereits zitierten Buch „Das Selbstmordprogramm" ein in seiner Konsequenz erschreckendes Experiment. Er schreibt: „Gibt man Bakterien in ein Reagenzglas, fügt Nährstoffe hinzu und sorgt für Sauerstoff, so werden sich diese Mikroorganismen explosionsartig vermehren, alle zwanzig Minuten etwa ihre Zahl verdoppeln, bis sie schließlich eine feste, auch dem bloßen Auge sichtbare Masse gebildet haben. Dann aber wird die Vermehrung aufhören, je mehr die Bakterien sich durch ihre eigenen Abfallprodukte vergiften. Im Mittelpunkt dieser Masse wird ein Kern von toten und sterbenden Bakterien liegen. Undurchdringliche Nachbarn haben sie von den Nährstoffen und vom Sauerstoff abgeschnitten. Die Zahl der lebenden Bakterien wird fast auf Null sinken, es sei denn, die Abfallprodukte werden beseitigt."
Der Sinn dieses Beispiels: In der Situation der Bakterien sind wir selbst. Wir ersticken auf diesem Raumschiff Erde an dem Müll unserer Zivilisation.
Aus ungezählten futurologischen Büchern der letzten zehn Jahre steigt Weltuntergangsstimmung auf. Auch die breite Masse fängt an zu begreifen, daß das Weiterleben der Menschheit keine Selbstverständlichkeit ist. Zwar ist das alles noch nicht so unmittelbar beängstigend, weil wir im Augenblick noch nichts direkt davon merken, denn noch können wir reisen, kaufen, essen und trinken, als sei die Welt in Ordnung. Aber es wächst die Ahnung: So, wie es bislang ging, kann es in Zukunft nicht mehr weitergehen. Es kann und wird auch nicht so weitergehen. Darüber sind sich alle Wissenden einig. Aber wird es überhaupt weitergehen?

Vor seinem Tode sagte Jesus über die Zukunft des Kosmos (Matth. 24,29), daß Sonne und Mond den Schein verlieren, daß die Sterne vom Himmel fallen und die Kräfte des Himmels sich bewegen. Dies soll geschehen unmittelbar vor seiner Wiederkunft, die zu einem gewaltigen, allen dann lebenden Menschen sichtbaren Zeichen werden wird. Vor der Wiederkunft oder vielmehr in oder mit der Wiederkunft erfolgt die A u f l ö s u n g   d e r   k o s m i s c h e n   W i r k - l i c h k e i t. Christus sagt im Zusammenhang dieser endzeitlichen Vision: „Himmel und Erde werden vergehen" (Matth. 24,35).

Aussagen über das Ende von Raum und Zeit sprengen die menschliche Vorstellungskraft, die ja schließlich durch die herkömmlichen Inhalte von Raum und Zeit geprägt wird. Anders ausgedrückt: Da wir uns als Menschen dieser Welt nichts anderes als diese Welt vorstellen können, g e h t   d a s   E n d e   d e r   W e l t   ü b e r   u n s e r e   V o r s t e l l u n g s k r a f t   h i n a u s.

Sinn der neutestamentlichen Aussagen: Das Bestehende vergeht. Ja, es wird sogar vernichtet. Der Apostel Petrus schreibt (2. Petr. 3,7): „Also auch der Himmel, der jetzt ist, und die Erde werden durch sein Wort aufbewahrt, daß sie zum Feuer behalten werden auf den Tag des Gerichtes..." Das will doch sagen: Es ist genau die Zeit vorgesehen, an dem dieser Kosmos sein Ende finden wird. D e r   K o s m o s   m u ß   s t e r b e n ,   s o   w i e   d e r   M e n s c h   s t e r b e n   m u ß .   E s   g i b t   k e i n e   E w i g k e i t   d e s   W e l t a l l s.

Naturforscher wissen heute, daß der Gedanke der Ewigkeit der Materie keine haltbare naturwissenschaftliche These mehr ist. Im vorigen Jahrhundert hatten intellektualistische Atheisten die Ewigkeit Gottes einfach auf die Ewigkeit der Welt übertragen: Gott ist die Natur, die Natur ist Gott — die Natur ist ewig. Dieser Glaubenssatz wurde absurd, als man ihn wissenschaftlich begründen wollte.

Heute waltet die Erkenntnis: Kosmische Systeme haben Anfang, Entfaltung, Altern und ein Ende. Damit ist natürlich nicht die biblische Lehre der Endzeit „bewiesen". Man kann gar nicht beweisen, was Anfang oder Ende im Handeln Gottes bedeutet. Aber man kann sich andererseits auch nicht auf Naturwissenschaftlichkeit berufen, wenn man das Ende der Welt oder des Weltalls im Namen der Wissenschaft bestreiten will.

Diese Welt findet nach der Aussage der Bibel ihr Ende. Aber im Ende ist der Neuanfang: Es kommen ein neuer Himmel und eine neue Erde — es wird alles neu gemacht. Das neue Leben kommt aus dem Sterben des alten Lebens. So, wie Christus starb und in einer neuen Leiblichkeit auferstand, so wird diese Welt sterben und zu einer neuen Herrlichkeit auferstehen.

Die Propheten des Alten Testamentes haben diese neue Schöpfung in vielen Bildern dargestellt: Berge triefen mit süßem Wein, Hügel fließen über mit Milch, ein Knabe wird mit der Schlange spielen, der Wolf wird bei den Lämmern wohnen (vgl. Jes. 11,6—9, Joel 3 usw.).

Die neue Schöpfung wird also ohne Angst, Leid, Qual und Kampf — sie wird ohne Zwiespältigkeit sein. Die neue Schöpfung ist nicht „geistige" oder „seelische" Ewigkeit. Es wird „Kreaturen" geben, es wird „Natur" geben — aber alles im Lichte des Friedens und der ungestörten Schönheit, die für uns jetzt unvorstellbar ist. „Es hat kein Auge gesehen und kein Ohr gehört, was Gott denen bereitet hat, die ihn lieben" (1.Kor. 2,9). Also können wir nicht schildern, was einmal sein wird. Wir können nur gleichnishaft von einer Wirklichkeit sprechen, die zugleich Gegenstand menschlicher Sehnsucht und biblischer Verheißung ist.

Die Satten und die Reichen, denen diese Erde genug bietet, haben keine Hoffnung. Sie sind der Gegenwart und der Welt verfallen, die sie auf Kosten anderer genießen. Nur die Armen (Christus sagt: „Heil euch Armen"), Geschlagenen, Verachteten, Geschändeten, Hoffenden, nach Gerechtigkeit Hungernden wird die neue Welt werden. Wer keinen Hunger nach Gerechtigkeit hat, wird keine Gerechtigkeit bekommen. Wer den Frieden nicht will, wird ihn nicht erlangen, und wer nicht trauert über die Misere der Welt, kann nicht getröstet werden. Das ist der Sinn der Seligpreisungen in der Bergpredigt.

Daß die Welt anders und besser werden muß — das steht nicht nur in der Bibel. Glaube an die bessere Zukunft gibt es seit je und eh. Aber welche Zukunft und welcher Weg in die Zukunft wird es sein?

In einer seiner bildreichen Reden sagte einmal Ferdinand Lassalle, einer der großen Väter der Arbeiterbewegung im 19. Jahrhundert, daß der Fortschritt der Menschheit dem Aufgang der Sonne zu vergleichen sei. Wenn die Sonne aufgeht, dann können Ecken und Winkel der Täler noch im Schatten liegen, während die Höhen schon vom Sonnenlicht durchflutet werden. Und wie die höhersteigende Sonne schließlich und endlich auch die letzten Ecken der Täler durchleuchtet, so — meint Lassalle — wird es auch mit dem Fortschritt der Menschheit sein. Wie die Sonne, einem Naturgesetz folgend, zwingt der Fortschritt schließlich jeden Bereich menschlichen Daseins in seine ihm eigene Helligkeit. Zwangsläufig — so wie die Sonne dem Zwang des Naturgesetzes folgend höher steigt — treibt der Fortschritt der Menschheit der glücklichen Zukunft entgegen.

Lassalle hat bei diesem Bild allerdings etwas Entscheidendes vergessen: Auf den Aufstieg der Sonne folgt der Sonnenuntergang, auf den Morgen folgt der Abend, auf den Tag die Nacht. Man könnte genau umgekehrt das Bild vom Sonnenuntergang zum Gleichnis zwangsläufigen Niedergangs kosmischer und menschlicher Höhepunkte machen.

Man kann es und man tat es. Oswald Spengler war nicht der erste, der von dem z w a n g s l ä u f i g e n   U n t e r g a n g — zwar nicht der Welt, aber d e r   m e n s c h l i c h e n   K u l t u r — in seinem „Untergang des Abendlandes" schrieb. Ich meine, daß bis heute kein Mensch ein Gesetz entdeckt hat, nach dem der Untergang des Kosmos oder der Gesellschaft vorauszusagen wäre. Theorien und Hypothesen sind noch kein Gesetz. Aber es gibt heute Beobachtungen und Tatsachen, die genau das nahelegen, was die Bibel prophezeit: Das mögliche Ende unserer Welt und unserer Zivilisation.

Aber — so wird man fragen — gibt es nicht auch die Tatsachen, die einen F o r t s c h r i t t der Menschheit schon jetzt bestätigen? Einige Beispiele: Auf der Tagung der Deutschen Gesellschaft für Gynäkologie im September 1972 wurde festgestellt, daß es zur Zeit 800 Kinder gibt, die k ü n s t l i c h   g e z e u g t wurden — meistens auf die Weise, daß der Same des eigenen oder eines fremden Mannes künstlich einer Frau eingegeben wurde. (Im Augenblick gelten solche Kinder noch als unehelich, und sie können später ihre „Eltern" auf Schadenersatz verklagen.) Also: man kann heute Wünsche erfüllen, an deren Verwirklichung man zur Zeit Ferdinand Lassalles nicht einmal träumend gedacht hätte.

Aber das ist ja nur e i n Beispiel. Mediziner bauen ihren Patienten heute schon künstliche Herzklappen, Arterien, Nieren, Hüftgelenke, Lungen und Augen ein. Einpflanzbare Hörgeräte und künstliche Augen stehen praktisch vor dem Abschluß der technischen Entwicklung, und es kommt mit Sicherheit die Stunde, in der wir fragen, welches natürliche Organ nicht durch ein künstliches ersetzt werden könnte.

Eines Tages wird man fragen, ob man nicht überhaupt dem menschlichen Gehirn ein völlig anderes und besseres „Fahrgestell" geben sollte, als es der menschliche Körper heute ist.

Die biologischen und medizinischen Voraussetzungen dafür, dem menschlichen Kopf einen anderen Körper oder gar ein künstliches Untergestell zu geben, werden bereits jetzt an Affen durchprobiert. Professor Robert White, der Forscher an der Cleveland Universität in den USA, v e r p f l a n z t in seinen Folterkammern Affenschädel von einem Körper auf den anderen oder isoliert die S c h ä - d e l völlig vom Leib und montiert sie auf Stützgestelle, wo sie künstlich mit Blut versorgt werden, und beobachtet die Reaktionen der isolierten Köpfe — mit positivem Ergebnis: Kopf kann auch ohne Leib leben. Austauschleiber und künstliche Durchblutungsmaschinen werden künftig abgetrennte Menschenschädel tragen! Kopf lebt ohne Rumpf, Rumpf lebt ohne Kopf, und alles kann man austauschen, neu montieren, experimentieren und manipulieren. Wie den so widerfahrenen Hirnen zumute ist, weiß man allerdings nicht: Panik, Angst, Wohlbefinden, eine Art Höllenerlebnis? Man weiß nur eins: Es funktioniert!

Daß es in der Endzeit eine Auferstehung des Leibes gibt, daß sich die Seele mit dem Leib wiedervereint, daß der in eine neue Herrlichkeit verwandelte Leib für alle Ewigkeit weiterleben soll — das stört einen Forscher nicht, der sich selbst für einen Katholiken hält und zur Privataudienz beim Papst empfangen wurde.

Man wird eines gar nicht mehr fernen Tages den menschlichen Körper als eine Maschine betrachten, in der jedes Teil austauschbar und verbesserungsfähig ist. Man plant heute bereits so etwas wie eine N e u k o n s t r u k t i o n   d e s   M e n s c h e n g e s c h l e c h t e s überhaupt. Nach dem sogenannten Klon-Verfahren (auf das wir hier nicht weiter eingehen können) meint man, sehr bald eine totale Umstrukturierung des menschlichen Erbgutes und damit auch die Züchtung völlig neuer Menschenwesen verwirklichen zu können.

Das alles ist m ö g l i c h !

Aber i s t   d a s   F o r t s c h r i t t ?

Ist das die Weiterentwicklung des Menschengeschlechts?

Kann man von einer Entwicklung oder von einem Fortschritt der Menschheit sprechen, wenn s i c h   d e r   M e n s c h   s e l b s t   d u r c h   d i e s e n   F o r t s c h r i t t   a u f h e b t ?

Gibt es einen Fortschritt, wenn der Mensch, dem dieser Fortschritt dienen soll, am Ende gar nicht mehr existiert — nämlich der Mensch, der nach dem Bilde Gottes geschaffen ist — der Mensch, der als Einheit von Leib und Seele bislang als unantastbar galt — der Mensch, den Jesus durch seine Wundertaten geheilt, aber nie „umstrukturiert" hat?

Die Bibel sagt, daß der Mensch nach dem Bilde Gottes geschaffen ist. Die A u s s a g e d e s S c h ö p f u n g s b e r i c h t e s erfassen wir erst heute: Der M e n s c h, so wie er von Gott geschaffen ist, ist u n a n t a s t b a r. Das Zueinander von Zeugen und Gebären, Kindern und Eltern, ist Ordnung Gottes, die so lange gilt, als es diese Erde gibt: „Bis daß Himmel und Erde vergehen, wird auch nicht vergehen der kleinste Buchstabe noch ein Tüpfelchen vom Gesetz, bis daß es alles geschieht" (Matth. 5,18), sagt Jesus in der Bergpredigt. Wenn wir aber nun dahin kommen, daß gegen diese Ordnung Gottes nicht nur gelebt wird, sondern daß — wie bei der künstlichen Befruchtung — die O r d n u n g e n a u f g e h o b e n werden, dann fallen nach biblischer Sicht d i e S c h a t t e n d e r E n d z e i t auf die Welt. Denn diese Ordnungen sollen ja so lange existieren, wie diese Erde existiert.

Als nach der Sintflut Gott mit Noah den Bund machte, wurde diesem und damit dem Menschengeschlecht verheißen, daß die Ordnung der Schöpfung als Ordnung des Bundes zwischen Gott und dem Menschen so lange existieren soll, wie die Schöpfung sein wird. Wenn ein Mensch vom Menschen konstruiert wird, der nicht mehr der von Gott geschaffene Mensch ist, nicht mit dem ihm von Gott gegebenen Leib, nicht mit der ihm von Gott gegebenen Seele, w e n n e i n M e n s c h „ g e m a c h t " w i r d, der als Menschmaschine Gebote nicht mehr verstehen und die von Gott gesetzte Ordnung nicht mehr leben kann, wenn ein im Reagenzglas künstlich erzeugtes und in Brutflaschen manipuliertes oder durch Gene-Chirurgie neu gezüchtetes Über- oder Unter-Menschenwesen unfähig ist, eben menschlich zu lieben, Freud und Leid, Ehrfurcht und Sehnsucht zu haben — dann ist das E n d e d e r Z e i t g e k o m m e n.

Daß wir am Ende einer Epoche der Menschheit stehen, erkennen alle, die um diese Dinge wissen. Daß wir an einem Wendepunkt der Geschichte der Menschheit angelangt sind, steht schon in den Zeitungen. Aber was ist das für ein Wendepunkt? Wohin wendet sich die

Entwicklung? Wenn die Bibel vom G e i s t d e r G e s e t z l o -
s i g k e i t spricht, der das Ende der Zeiten bestimmen wird, dann
meint sie damit nicht allein, daß die Unmoral zunehmen wird. Viel
entscheidender ist, daß der Geist der Gesetzlosigkeit die Voraussetzung aller Gesetze zerstören wird.

Jedem Gesetz entspricht nämlich eine Ordnung: Dem Gesetz „Du
sollst Vater und Mutter ehren!" entspricht die Ordnung der Familie; dem Gesetz „Du sollst nicht ehebrechen!" entspricht die Ordnung der Ehe. Das Gesetz „Du sollst nicht töten!" schützt das
Leben, so wie es von Gott geschaffen wurde. Wenn wir jetzt planen,
einen Menschen zu konstruieren, der keinen Leib mehr hat, sondern
ein computer-ähnliches Fahrgestell, oder wenn Hirn in einem Labor
auf einer Durchblutungsmaschine „aufbewahrt" wird, und wenn
wir zulassen, daß menschliches Leben nicht aus der natürlichen, von
Gott vorgesehenen Begegnung zwischen Mann und Frau „entsteht",
wenn wir Apparaturen entwickeln, die es möglich machen, Menschen
in Brutflaschen zu züchten — dann wird die Ordnung Gottes vernichtet. Dann setzt d i e Z e r s t ö r u n g d e r S c h ö p f u n g
e i n m i t d e n W u n d e r n , d i e d e r A n t i c h r i s t t u n
w i r d .

Der Antichrist pervertiert „Wunder" des Heilands. Er tut große
Zeichen, aber nicht um den Menschen zu erhalten, sondern um ihn zu
vernichten. Denn das Tier aus dem Abgrund „verführt, die auf
Erden wohnen, um der Zeichen willen, die ihm gegeben sind..."
(Offb. 13,14.)

In einfachen aber eindringlichen Bildern spricht die Offenbarung des
Johannes von den e n d z e i t l i c h e n Q u a l e n , jenen Bedräng-
nissen, denen die Menschheit vor der Wiederkunft Christi ausgelie-
fert ist. Es ist schwer, die in der Offenbarung des Johannes voraus-
gesagten Ereignisse in der zeitlichen Folge richtig einzuordnen. Unmittelbare Aufgaben stehen uns hier noch bevor. Die O f f e n b a -
r u n g d e s J o h a n n e s i s t d a s Buch der nächsten Jahre für
die christliche Gemeinde. Aber dies kann schon jetzt gesagt werden:
A u s s a g e n d i e s e s l e t z t e n B u c h e s d e r B i b e l ,
d i e n o c h i m v o r i g e n J a h r h u n d e r t a l s a b s u r d ,
m ä r c h e n h a f t u n d p h a n t a s t i s c h g a l t e n , s t e h e n
h e u t e o f t m i t b e k l e m m e n d e r E i n d r i n g l i c h k e i t
i n d e n R e a l i t ä t e n u n s e r e r Z e i t .

Der Mensch bedroht sich selbst, will sich selbst in teuflischer Weise manipulieren. Der Mensch bedroht sich selbst, weil er die Erde manipuliert und die Basis seines Lebens zerstört. Dazu nur ein Beispiel: Taylor bemerkt in seinem Buch, daß die Verwendung tiefer Bohrlöcher zur Ausfüllung gefährlicher Abfälle (z. B. Gifte chemischer und biologischer Kriegsführung) immer mehr zur notwendigen Regel wird. Über die Folgen dieser Praxis in Amerika schreibt er: „Es gibt heute mehr als 80 Substanzen, die man in 150 m tiefen Löchern in über neunzehn Staaten auf diese Weise beseitigt, ganz abgesehen von den 40 000 bis 50 000 kleineren Abfallöchern, derer sich die Ölindustrie zur Beseitigung ihrer Abfälle bedient!" (S. 40.) Die Schlußfolgerung: Alle diese Unternehmungen haben Erdbeben ausgelöst! Im Gebiet der Rocky Mountains, wo die US-Army riesige Bohrlöcher für Abfallstoffe anlegte, kam es binnen kurzer Zeit zu 710 Erdbeben, während es in den 80 Jahren zuvor dort nur drei Beben gegeben hatte.

Die Erdkruste wird gleichsam in einen „Streß" gebracht; sie reagiert dementsprechend, und dem Zivilisationsmenschen wird klar, daß er auf einem Vulkan lebt.

Wir verzichten darauf, hier auf die Konsequenzen hinzuweisen, die sich aus der Anlage riesiger Stauseen und der geplanten Verlegung großer Flüsse ergeben. Die Erdkruste wird nervös — die Basis gerät in Aufruhr. Jesus sagt „... und es werden geschehen Erdbeben hin und wieder" (Luk. 21,11).

Der Zerstörung der Erde entspricht die Zerstörung der Atmosphäre. Über großen Städten ist die Temperatur höher als über dem Land rings umher. Industrie bringt Wärmeabfälle. Das geschieht schon jetzt. Wie unsere Atmosphäre die Wärmeabfälle der Atomenergie — ohne die unsere Zivilisation morgen gar nicht existieren kann — verkraften will, weiß man nicht. Veränderung des Wärmehaushaltes bedeutet Veränderung der Atmosphäre, des Klimas und damit unserer Lebensbedingungen in einer heute gar nicht vorzustellenden Weise.

Viele Techniker meinen, daß die mit Staubabfällen geschwängerte Luft die Einstrahlung der Sonne im Laufe der Zeit mindern würde. Eine verschmutzte Atmosphäre könnte die mittlere Temperatur der Erde von 15° auf 4° C senken (Taylor S. 86.) Auch hier die Konsequenz: Unvorstellbare Veränderungen, die unsere Lebensbasis bedrohen.

„Und die Menschen wurden versengt von großer Hitze" (Offb. 16,9): ist damit die Qual der Abfallwärme unserer Industrie gemeint oder die Katastrophe eines nuklearen Krieges?

„Die Sonne ward schwarz wie ein schwarzer Sack" (Offb. 6,12); „... werden Sonne und Mond den Schein verlieren" (Matth. 24,29): ist damit die Verfinsterung der Atmosphäre durch den Staub der Industriewelt gemeint, der jetzt schon auf die Schneefelder Norwegens fällt und wie ein Ring unseren Erdball umschließt? Oder ist damit das Aussehen des Himmels über uns nach einem Krieg gemeint, der nur die Katastrophe bringen kann?

Viele Futurologen meinen, daß die Basis unseres Lebens auf dieser Erde schon so weitgehend zerstört ist, daß eine Rettung gar nicht mehr in Aussicht steht. Es kommt — ob solche Voraussagen übertrieben sind oder nicht — so etwas in den Horizont unserer Vernunft, was man noch vor etwa einem viertel Jahrhundert, bevor die erste Atombombe explodierte, als Lästerung der Vernunft beurteilt hätte: Der Gedanke an das Ende. Das ist weder Panikmache noch Endzeitfanatismus der Christen.

Im Jahre 1968 schrieb der Vater der russischen Wasserstoffbombe, Andreij Sacharow, einen Aufsatz in der „New York Times" unter dem Titel „Fortschritt, Koexistenz und geistige Freiheit". In diesem Artikel zeigt Sacharow vier Gefahren auf, die uns tödlich bedrohen:

1. Bedrohung durch Atomkrieg
2. Der Hunger
3. Die degenerierende Massenkultur
4. Der bürokratische Dogmatismus

Er stellt sich selbst die Frage, ob eine Rettung möglich sei. Seine Antwort: Die technisch entwickelten Nationen müßten während der nächsten fünfzehn Jahre mindestens 20 Prozent ihres Einkommens für die Rettung vor der Katastrophe aufbringen. Dazu bemerkt Taylor: „Das Stillschweigen, mit dem diese Empfehlung begrüßt wurde, konnte man rund um die Welt hören."

Die Welt — das ist doch die Situation — ist bereit zu reden, sie ist nicht bereit zu handeln, sie ist vor allem nicht bereit, Opfer zu bringen. Noch triumphieren Illusionen, Machtdenken, Egoismus, ideologische Versessenheit und stumpfe Gleichgültigkeit! Aber w a s g i b t uns denn die Garantie, daß die Menschheit ihre Gleichgültigkeit überwindet, daß sie

i h r e   Menschenwürde   wirklich   v e r t e i d i g t
u n d   e n d l i c h   b e g r e i f t ,   d a ß   w i r   n i c h t   a l l e s   m a -
c h e n   d ü r f e n ,   w a s   w i r   m a c h e n   k ö n n e n ?

Diese Realitäten werden nicht deswegen in Erinnerung gebracht,
um die Wiederkunft Christi nach dem Metermaß der Tatsachen auszurechnen. Wir zeigen auf diese Realitäten auch nicht, um in Pessimismus zu machen. B i b l i s c h e   P r o p h e t i e   hat allerdings
auch immer den I l l u s i o n i s m u s   b e k ä m p f t   u n d   s i c h
d e n   T a t s a c h e n   g e s t e l l t .   Die   wahren   Propheten
sagten die Wahrheit, die die Menschen nicht hören wollten. Die
f a l s c h e n P r o p h e t e n b e r u h i g t e n u n d b e s c h w i c h -
t i g t e n . Sie sagten: „Friede, Friede — und ist doch nicht Frieden", wie der Prophet Jeremia in einer scharfen Auseinandersetzung mit diesen Menschheitsberuhigern feststellen muß (Jer. 6,14).
Die falsche Prophetie will die Gemeinde Christi einschläfern. Falsche Prophetie lähmt die Entscheidung und Wachsamkeit.

Zweifellos wird der Christ über diese endzeitlichen Zeichen erschrek-
ken. Aber er wird darüber nicht verzweifeln. Denn er weiß: „Ein
Weib, wenn sie gebiert, so hat sie Traurigkeit; denn ihre Stunde
ist gekommen. Wenn sie aber das Kind geboren hat, denkt sie nicht
mehr an die Angst, um der Freude willen, daß ein Mensch zur Welt
geboren ist" (Joh. 16,21). A u s   d e n   S c h m e r z e n   d e r   v e r -
g e h e n d e n   a l t e n   W e l t   w i r d   e i n e   n e u e   W e l t
g e b o r e n . So ist der Christ durch ein doppeltes Wissen geleitet:

Im Realismus der Bibel erkennt er deutlicher als irgendein anderer
die tödliche Bedrohung, die auf uns zukommt. Im Heilsdenken der
Bibel weiß er aber auch um den Triumph Gottes über der Auflösung und dem Zerfall der alten Welt. E r   v e r w i r f t   I l l u s i o -
n e n   u n d   P e s s i m i s m u s   u n d   s t e h t   a u f   d e m   F e l s e n
d e s   h e i l s g l ä u b i g e n   R e a l i s m u s .

Als die Sintflut kam, war Noah gerettet. Noah baute seine Arche,
als sich die Welt in Sicherheit wiegte. Noah war Realist durch Gottes Offenbarung in einer illusionistischen Zeit. Der Realismus hat
ihm das Leben gerettet. Und Jesus läßt keinen Zweifel (Matth. 24,
37-42), daß viele Menschen so leben werden wie in den Tagen
Noahs, wenn die Endzeit kommt: Sie werden dahinleben in tödlicher
Gleichgültigkeit und die Stunde der Rettung verpassen. Noah über-
lebte in der Arche, der Christ überlebt in der Christengemeinde, die

durch alle Katastrophen hindurch dem wiederkommenden Herrn
entgegengehen wird.

Wird unsere Kultur bis zur Wiederkunft Christi Bestand haben?

Gibt es einen Untergang unserer Zivilisation noch vor dem Ende der
Welt?

Wird der Untergang des Abendlandes mit dem Untergang der Welt
zusammenfallen?

Wie steht es um unsere Zivilisation?

Vom Sterben der Zivilisation

In der Ausgabe der „Times" vom 12. 10. 1970 heißt es über Amerika: „Das Land, das mit einer Gottesherrschaft begann, ist dabei,
in eine Dämonenherrschaft einzumünden." Die Pilgerväter, die 1622
mit der Mayflower den Atlantik überquerten, wollten ernst machen
mit dem Christentum. Sie meinten, ein verfaultes Europa hinter sich
zu lassen und ein Land zu gewinnen, das ihnen die Möglichkeit bot,
mit Gott im persönlichen wie im politischen Leben ganz ernst zu
machen.

Puritanisches (d. h. reines) Christentum bedeutete für jene entschlossenen Menschen eben ein „reines", das heißt aber auch entschiedenes
Christentum. Geleitet durch diesen Glauben hat das Land Energie,
Freiheit und Wohlstand entwickelt. Trotz aller Verkehrungen, Schwächen des Systems, sozialer Ungerechtigkeit blieb der Glaube an eine
Mission im Volk lebendig, daß Gott dem Menschen eine Aufgabe
gegeben hat, die man im Vertrauen auf ihn bewältigen kann.

Von dieser Mission spürt man heute nichts mehr, wenn man nach
Amerika kommt. Der Europäer, der dieses Land zum erstenmal
besucht, ist erschrocken. Resignation oder gar Pessimismus bei denen,
die guten Willens sind. Geld- und Konsumgier, nackter Egoismus,
Rauschgiftsüchtigkeit, Gruppenhaß und Rassendiskriminierung zerstören die größte und mächtigste — einst in biblischer Glaubenswelt
begründete — Zivilisation dieser Erde.

Auch hier geht das Gespenst des Unterganges.

1971 erklärte Präsident Nixon:

„Ich denke daran, wie es Griechenland und Rom ergangen ist, wir sehen, was überdauert hat — nur die Säulen. Als die großen Zivilisationen der Vergangenheit wohlhabend wurden, als sie den Willen, weiterzuleben und Fortschritte zu machen, verloren, verfielen sie der Auflösung, die letzten Endes die Kultur zerstörte. Die Vereinigten Staaten treten jetzt in diese Phase ein."

Tritt nur Amerika in diese Phase ein? Steht nicht die g a n z e W e l t i n e i n e r P h a s e d e r A u f l ö s u n g ?

In einem Brief an Timotheus schreibt der Apostel Paulus: „Das sollst du aber wissen, daß in den letzten Tagen werden greuliche Zeiten kommen. Denn es werden die Menschen viel von sich halten, geldgierig sein, ruhmredig, hoffärtig, Lästerer, den Eltern ungehorsam, undankbar, gottlos, lieblos, unversöhnlich, Verleumder, zuchtlos, wild, ungütig, Verräter, Frevler, aufgeblasen, die die Lüste mehr lieben als Gott" (2. Tim. 3,1-5).

In unserer Sprache zusammengefaßt kann man als Symptome des Unterganges aus biblischer Sicht feststellen: Da ist zunächst einmal die L u s t b e t o n t h e i t der untergehenden Gesellschaft (das bedeutet nicht nur Sexualismus, Rauschgiftsucht, sondern meint auch Konsumgier). Unter Frechheit, Hoffart, Lästerer und Lieblosigkeit finden wir den Typ des s c h r a n k e n l o s e n E g o i s m u s, der das Wort Ehrfurcht nicht kennt, der z u r L i e b e u n f ä - h i g ist, weil auch der Mitmensch bestenfalls ein nützlicher Konsumartikel sein kann, den man nach Gebrauch fortwirft. „Lästerer" meint, daß die W e l t d e s G l a u b e n s z y n i s c h e V e r - a c h t u n g findet.

Auf das Ganze gesehen: D e r l u s t b e t o n t e u n d a n a r c h i - s t i s c h e M e n s c h, der im Grunde seines Wesens auf Zerstörung aus ist, r e p r ä s e n t i e r t d e n U n t e r g a n g d e r K u l t u r, ist der negative Mensch der Endzeit dieser Kultur. Diese Menschen der Zerstörung leben unter der breiten Masse der Gleichgültigen, Unentschiedenen und Furchtsamen wie Hechte im Karpfenteich.

In seinem zweibändigen Werk „Der Untergang des Abendlandes" (1923) meint Oswald Spengler, daß die sogenannte a b e n d l ä n - d i s c h e K u l t u r d i e l e t z t e K u l t u r i n d e r G e - s c h i c h t e d e r M e n s c h h e i t s e i. Außer dieser Kultur und ihrer Ableger gäbe es nur noch Trümmer vergangener und längst versunkener Kulturen. Wenn die abendländische Kultur untergegangen sei, dann — so meint Spengler — würde die Menschheit ohne jede Kultur nur noch so dahinvegetieren: Am Ende steht das primitive Leben im Fellachendasein, im Schatten des Sklavenmenschentums, das nichts mehr von den Geboten und dem Glanz eines freien Menschenlebens weiß.

Daß wir auf den Trümmern versunkener Kulturen stehen, meint allerdings nicht nur Spengler. Von den Urteilen anderer Kulturphilosophen einmal ganz abgesehen ist das auch die Meinung der Bibel. Die Propheten des Alten Testaments haben den Untergang vieler Kulturen vorausgesagt. Als Babylon noch Weltmacht war, die Stadt Babel als Mittelpunkt einer faszinierenden Zivilisation wie ein Weltwunder bestaunt wurde, sagte der Prophet Jesaja: „So soll Babel, das schönste unter den Königreichen, die herrliche Pracht der Chaldäer, zerstört werden von Gott wie Sodom und Gomorra, daß man hinfort nicht mehr da wohne noch jemand da bleibe für und für, daß auch Araber dort keine Zelte aufschlagen noch ihre Herden lagern lassen. Sondern Wüstentiere werden sich da lagern, und ihre Häuser werden voll Eulen sein; Strauße werden da wohnen, und Feldgeister werden da hüpfen, und wilde Hunde werden in ihren Palästen heulen und Schakale in den Schlössern der Lust. Ihre Zeit wird bald kommen, und ihre Tage werden nicht auf sich warten lassen." (Jes. 13,19-21.)

Als der deutsche Forscher Koldewey im März und April 1899 nach einigen Wochen harter Arbeit auf die Festungsmauern Babylons stieß und damit praktisch die größte Stadt des alten Orients ausgrub, von der die Bibel berichtet, fand er genau die Situation, die der Prophet Jesaja 150 Jahre vor der Zerstörung Babylons durch die Meder vorausgesagt hatte. Jesajas Zeit der Prophetie lag etwa in den Jahren 740—680 v. Chr. Geburt, das sind mehr als zweieinhalbtausend Jahre, bevor die Ruinen Babylons, das damals vor Macht strotzte, von einem deutschen Gelehrten ausgegraben wurden! Die Ausgrabung bewies, daß Jesaja recht gehabt hatte, als er den Untergang einer Kultur zu einer Zeit prophezeite, in der man eine solche Prophetie für blanken Unsinn hielt.

Der Name Babylon wird in der Bibel wiederholt genannt. Er steht oft symbolisch für die Zivilisationen aller Zeiten, die durch Übermut zugrunde gehen. „Babylon" bedeutet Brutalität, Unterdrückung des Menschen durch den Menschen, Abgötterei, zügellose Sinnlichkeit, Grausamkeit, degenerierte Lustbetontheit einer sich auflösenden Kultur. „Babylon" aber ist vor allem Abfall von Gott, Götzendienst, Inbegriff der Feindschaft gegen Gott und gegen seine Gemeinde auf der Erde. So überträgt die Bibel den Namen Babylon auch auf jene letzte Zivilisation am Ende der Zeiten, die die christliche Gemeinde verfolgt und in der der Mensch frevelhaft sich selbst und seine Macht anbetet und vergöttern läßt (vgl. Offb. 14,8; 17,5; 18,10 ff.).

Die Symptome untergehender Kulturen sind immer die gleichen. Das Beispiel des Unterganges der römisch-griechischen Kultur zeigt das deutlich. In jedem guten Schulbuch kann man nachlesen, wie der Zerfall der Sitte, die Zerstörung der Familie, Rückgang der Geburtlichkeit, Inflation, Zerrüttung der Wirtschaft, Grausamkeit, Ungerechtigkeit, Unsicherheit, Klassenkampf und schließlich die Diktatur, die sich immer wiederholenden Phasen eines jeden Kulturzerfalls sind.

Warum gehen Kulturen unter? Ist es Schicksal? Gibt es zwangsläufige Gesetzmäßigkeiten? Handelt es sich um biologische Erschöpfung einer „Rasse"? Es gibt viele, einander widersprechende Theorien über den Untergang der großen Zivilisationen der alten Welt. Es gibt auch viele Theorien über die Krisen unserer gegenwärtigen Zivilisation. Die Aussage der Bibel aber ist eindeutig: Untergang ist Schuld der Menschen. Untergang ist der Sturz in die Tiefe, nachdem man vorher in die Höhe, in den Himmel Gottes stürmen wollte. Aus der Prophetie Daniels (insbesondere Kap. 7) kann man herauslesen, daß alle Kulturen den Keim des Todes in sich tragen, weil sie den lebendigen Gott nicht verehren. So wird jede Kultur schließlich durch ihre Abgötter fixiert; sie muß untergehen.

Wohlgemerkt: Alle Völker der alten Welt sind untergegangen. Es gibt nur ein Volk, das aus dem Altertum in unsere Zeit hineinlebt, obwohl man es vor zweitausend Jahren aus seiner Heimat verjagte — es ist das jüdische Volk. Die Existenz dieses Volkes ist in sich ein Wunder Gottes. Es ist das alttestamentliche Gottesvolk, dessen Propheten den Untergang aller Kulturen voraussagten, gleichzeitig aber das Überleben dieses Gottesvolkes bis zum

Anbruch des messianischen Reiches immer wieder bezeugten — und sie behielten recht!

Kulturen gehen an ihrem gottlosen Hochmut zugrunde. Hätte nicht die „christlich-abendländische-Zivilisation" eine Chance zu überleben? Der englische Historiker Arnold J. Toynbee meinte, das Abendland könne überleben, wenn es dem christlichen Glauben treu bleibt. Aber ist diese Voraussetzung Toynbees erfüllt? Es ist müßig, nach der Antwort lange zu suchen. Der Abfall von Gott ist d a s Zeichen in der sogenannten Zivilisation unserer Tage. N i c h t d i e s e a b e n d l ä n d i s c h e K u l t u r w i r d ü b e r l e b e n , s o n d e r n d a s V o l k G o t t e s , d i e G e m e i n d e J e s u C h r i s t i .

Die christliche Gemeinde wird es in einem immer stärker werdenden Maße erfahren müssen, was es heißt, in einer Zivilisation zu leben, die von der Gottlosigkeit geradezu zerfressen wird.

Zum Zerfall der Gesellschaft gehört der Zerfall der Familie („ . . . den Eltern ungehorsam" 2. Tim. 3,2). Die Familie wird heute in der Gehirnwäsche der Massenmedien direkt und frontal angegriffen oder als fragwürdige Institution lächerlich gemacht.

Der Artikel 6 des Grundgesetzes der Bundesrepublik, nach dem Ehe und Familie unter dem besonderen Schutz des Staates stehen, ist für die familienfeindliche Massenpropaganda unserer Tage nur ein Papptiger. Kommune, Wohngemeinschaft, freie Partnerschaft werden als die neuen gemeinschaftsbejahenden Formen dargestellt, die den „Gruppenegoismus" der Familie und Ehe überwinden sollen.

Angst vor der Familie bedeutet für viele heute Angst vor Kindern. In der Bundesrepublik Deutschland ist der Rückgang der Geburtlichkeit so stark, daß heute in diesem Land mehr Menschen sterben als geboren werden. Im Rückgang der Geburtlichkeit steht die Bundesrepublik an der Spitze.

Die Familie w i r d h e u t e d e n M e n s c h e n g l e i c h - s a m a u s g e r e d e t . Der ungeborgene Mensch, der Liebe in einer Familie nicht kennengelernt hat, wird zum aggressiven und rebellierenden Menschen. Es ist längst erkannt und erwiesen, daß jugendliche Kriminelle zumeist aus zerrütteten Familien kommen oder gar nicht in einer Familie aufgewachsen sind.

Von 1963—1970 hat die Gewaltkriminalität junger Menschen in der Bundesrepublik um 82,4 Prozent zugenommen. Während der Debatten und Reden auf der Norddeutschen Kriminalistentagung im Oktober in Bremen wurde dazu sehr richtig vermerkt (Prof. Dr. Petersohn), daß eine Gesellschaft, die nur reines egoistisches Nützlichkeitsdenken kennt und in der alle Werte in Zweifel gezogen werden, jungen Menschen nicht nur nicht helfen kann, sondern sie gerade dazu herausfordert, die Generation der Väter zu verachten.

Der Apostel Paulus schreibt über den Menschen der zusammenbrechenden Kultur: „Mit den bösen Menschen aber und Betrügern wird es je länger je ärger: sie verführen und werden verführt." (2. Tim. 3,13.)

Je komplizierter eine Zivilisation ist, um so leichter kann sie verletzt werden. Je moderner eine Zivilisation, um so empfindlicher ist sie: Zerstörung eines Elektrizitätswerkes, eines Öllagers, Lahmlegung des öffentlichen Verkehrsnetzes können einen Zivilisationsbereich schnell und tödlich bedrohen.

Gewalt, Aggressionen, Terror sind furchtbare Herausforderungen für unsere Kultur. Wenn es in einer solchen Zivilisation möglich ist, ein „Minihandbuch der Stadtguerillas" herauszugeben mit dem Untertitel: „Zerschlagt die Wohlstandsinseln der Dritten Welt", mit genauen Anweisungen für die Praxis des Terrors, und wenn dann einige Gruppen bereits anfangen, diese Theorien in die Praxis umzusetzen — dann ist das deswegen eine Bedrohung, weil heute in der Tat 5 Prozent entschlossener Terroristen mühelos 95 Prozent unentschlossener Zivilisationsmassenmenschen in den Ruin treiben können. Der Untergang kann schon ohne prophetischen Weitblick greifbare Formen annehmen.

Ich bin fest davon überzeugt, daß alle heute in der Bundesrepublik verantwortlichen Politiker das Beste wollen. Was sich aber im Untergrund unserer Kultur abspielt, hängt schon lange nicht mehr von dem guten Willen der Staatsmänner ab. Hier spüren wir den Aufbruch einer das Chaos setzenden Macht, die endzeitliche Dimensionen hat.

Der Drache ist nicht nur im Alten Testament, sondern auch in fast allen anderen Religionen der Welt Zeichen des Chaos. Und wenn die Bibel in der Offenbarung des Johannes von der Gewalt des Drachens, also des Chaosungeheuers in der Endzeit spricht, dann meint sie damit nicht, daß Menschen am Himmel ein Ungeheuer herumfliegen sehen, sondern daß die Chaosmächte, die Elemente der Gottesfeindschaft und des Menschenhasses, die Zivilisation unterwandern und verderben. Man braucht nur einige Wochen in einer Stadt wie New York zu leben, um zu ahnen, was es bedeutet, wenn die Schatten des Drachens, der Chaosmacht, über eine Zivilisation fallen.

Die Gerichte über die Kulturen der vergangenen Jahrtausende, von denen uns die Bibel berichtet, sind nur ein Vorbild oder ein Abbild des letzten Gerichtes über die letzte Kultur. Und weil diese moderne Zivilisation sich eindeutig auf eine Weltzivilisation hinbewegt, die Lebens- und Denkweisen der Menschen in Chikago, Moskau, Tokio und Peking einander immer ähnlicher werden, die Menschen immer mehr in riesigen kollektiven Konzentrationen zusammengedrängt sind, die globale Technik diesen Lebensstil immer gleichförmiger machen wird, die allgemeine Not der Umweltzerstörung auch den Lebensstandard senken und für alle Gruppen auf diesem Planeten angleichen wird, erkennen wir schon jetzt immer mehr die Züge einer sich herausschälenden Weltzivilisation. Diese Weltzivilisation ist unterwegs, das große Babylon zu werden, von dem die Offenbarung des Johannes spricht. Sie ist unterwegs, auch das Gericht zu empfangen, das die Offenbarung des Johannes voraussieht.

In dem Maße, wie die Weltzivilisation neuheidnisch gegen Gott lebt, wird die Christengemeinde sich von dieser Weltzivilisation lösen. Sie kann nicht die Götter der Zeit anbeten. Christen gehen damit nicht in den Schmollwinkel. Sie sind anders als die Welt, aber sie sind in der Welt und leben die Ordnung in der Unordnung, die Wahrheit in der Lüge, Freiheit, Familie und Ehe in der kollektiven Uniformierung, Gerechtigkeit in der Ungerechtigkeit, Barmherzigkeit in der steigenden Aggressivität. Es wird in dieser endzeitlichen Gemeinde Christi nur entschiedene Christen geben: „Dann werden zwei auf dem Felde sein; einer wird angenommen und der andere wird verlassen werden. Zwei werden mahlen auf der Mühle; eine wird angenommen und die andere wird verlassen werden." (Matth. 24,40.41.) Die Entscheidung wird Menschen zur Gemeinde zusammenführen, und sie wird unwahre Verbindungen auflösen. Nicht aus Tradition wird man beieinander sein, sondern um des Glaubens willen.

Und man wird sich finden, und man wird sich lösen — so wie es die Stunde der Entscheidung gebietet. D i e s e E n t s c h e i d u n g w i r d j e n e S c h e i d u n g v o r w e g n e h m e n, d i e C h r i - s t u s a l s G e r i c h t b e i s e i n e r W i e d e r k u n f t v o l l - z i e h e n w i r d.

Information: Weltvernichtung, Menschheitsbedrohung, Familienzerfall

Wird diese Welt vernichtet werden, wenn Christus wiederkommt und das Reich Gottes bringt? Orthodoxe lutherische Theologen haben die Lehre von der A n n i h i l a t i o (V e r n i c h t u n g) der Schöpfung nach dem letzten Gericht vertreten: „Nach dem letzten Gericht tritt dann das völlige Ende dieser Welt ein: Außer Engel und Menschen wird alles, was dieser Welt angehört, durch Feuer verbrannt werden und in Nichts sich auflösen: Nicht aber eine Verwandlung der Welt, sondern ein völliges Aufhören ihrer Substanz ist zu erwarten." (Helmut Schmidt in „Die Dogmatik der evangelisch-lutherischen Kirche", 1863, S. 544). Diese Lehre hat Kritik deswegen hervorgerufen, weil sie das Reich Gottes anscheinend zu einer völlig abstrakten Sache gemacht hat.

Ich meine, daß dieser Vorwurf so nicht zu halten ist. Es geht hier doch darum, daß das R e i c h, d a s C h r i s t u s m i t s e i n e r W i e d e r k u n f t m e i n t, n i c h t e i n e r e p a r i e r t e o d e r l e i c h t v e r b e s s e r t e A u s g a b e d i e s e r W e l t i s t. Es wird alles ganz anders sein — eben „was kein Auge gesehen und kein Ohr gehört hat". Aber das bedeutet nicht, daß der Himmel nur abstrakt, eine Idee oder ein „geistiges Weiterleben" sei. Das liegt auch nicht im Ursinn lutherischer Lehre von der Endzeit. Hier geht es nur darum, daß die neue Schöpfung wirklich eine neue und andere Schöpfung ist.

Verwandlung oder Vernichtung der Welt?

Grenze des Wachstums

Unter den vielen pessimistischen Beurteilungen der Menschheitsentwicklung hat ein Buch Bedeutung, das die verschiedenen Möglichkeiten der Zukunft durch Computer durchspielen ließ („Die Grenzen des Wachstums", 1972). Die Forscher des Massachusetts Institute of Technology sind zu dem Ergebnis gekommen, daß noch im Verlauf dieses Jahrhunderts die Menschheit am Ende ist: Die Grenzen des Wachstums sind erreicht, dann werden Bevölkerungszahl und industrielle Leistung und damit der Lebensstandard schnell absinken. Wegen der Verknappung der Rohstoffe bricht die Industrie zusammen, die Sterberate geht steil nach oben, das Lebensniveau sinkt gewaltig.

Ende der Freiheit?

Auf zunehmende Spannungen, die Möglichkeit von Revolutionen und Kriegen (als Weltbürgerkriege), auf den blutigen Aufstand der Armen dieser Erde gegen die Reichen verweist Georg Picht in seinem Buch „Mut zur Utopie" (1972). Picht meint, daß es auf unserer Welt immer auch unvernünftig zugegangen ist, daß wir uns aber angesichts der gewaltigen Probleme der Zukunft Unvernunft nicht mehr leisten können, wenn wir überleben wollen. Zunehmende Einschränkungen der persönlichen Freizügigkeit und Aufhebung der Freiheit, die wir durch Grundrechte verbrieft sehen, sieht dieser Zukunftsforscher voraus.

1968 hat der bekannte Schriftsteller Arthur Koestler in einem in Deutschland wenig beachteten Buch „Das Gespenst in der Maschine" bedrohliches über die Zukunft ausgesagt. Ich greife einiges heraus: Zunächst den Hinweis darauf, daß sich die Zerstörungskraft, die den Menschen zur Verfügung steht vom Faustkeil über Gewehrkugel und Fliegerbombe bis zur Kobaltbombe, so sehr ins Gewaltige gesteigert hat, daß der Mensch die Möglichkeit der Weltvernichtung hat, ohne dabei gleichzeitig durch die Bekehrung der Vernunft für diese Macht reif geworden zu sein. Koestler glaubt nicht mehr an eine Bekehrung der Vernunft und macht den katastrophalen Vorschlag, das Gehirn des Menschen chemisch so zu manipulieren, daß es für alle Zukunft vom Zerstörungstrieb befreit wird.

Dieser Gedanke Koestlers ist deswegen so bedeutsam, weil wir für die Zukunft befürchten müssen, daß sich eine tödliche Idee Bahn bricht: Dem Menschen soll die persönliche Freiheit genommen werden, damit er physisch weiter existieren kann. Die Warnung Christi, daß wir uns nicht vor denen fürchten sollen, die den Leib töten können, sondern vor denen, die die Seele ins Verderben führen (Matth. 10,28), erhält damit unmittelbare Bedeutung für eine Zukunft, in der die Kontrolle des menschlichen Geistes durch „biochemische Aspekte der Gehirntätigkeit" betrieben werden soll.

Wie sehr die Aggressionen unserer Gesellschaft schon jetzt ansteigen, zeigen die alarmierenden Verbrechensstatistiken. 1971 stieg die Kriminalität in den USA um 7 Prozent an. Innerhalb von fünf Jahren ist die Zahl der Morde um 61 Prozent gestiegen. Mit 42 000 Vergewaltigungen 1971 liegt dieses Jahr um 11 Prozent höher als das Jahr 1970. Die Zahl der Raubüberfälle erhöhte sich auf 11 Prozent. 17 630 Menschen wurden 1971 ermordet. Auch in der Bundesrepublik steigt die Zahl der Verbrechen stetig an. Jeder zweite Fall von Verbrechen bleibt unaufgeklärt. Die Dunkelziffer wächst, die Unsicherheit greift um sich.

Zunehmende Aggressionen

Die Aussagen über den Untergang der Familie könnten übertrieben erscheinen, weil es die Familie ja noch gibt. Aber in diesen Familien, die es gibt, sind wachsende Spannungen zwischen den Generationen nicht das einzige Zeichen der Auflösung. „Wenn ein Elternpaar einen Embryo kaufen kann", schreibt Toffler in seinem bereits zitierten Buch (S. 91), „wird die Elternschaft zu einem Phänomen rein juristischer Natur..."

Das Mysterium der Mutterschaft hat ein Ende gefunden. Ferdinand Lundberg schreibt in dem Buch „The Coming World Transformation" (1963): „Die Familie befindet sich vor dem vollständigen Untergang." Und Herbert Rinner schlägt in

Zerstörung der Familie

47

dem Buch „P r o p o s i t i o n 31" vor, daß sich Erwachsene zu Familienfirmen zusammenschließen, einen Namen annehmen und als Kollektive das Verdienen und die Erziehung der Kinder gemeinsam besorgen.

G r o ß f a m i l i e und K o m m u n e sollen die herkömmliche Lebensform der Familie ablösen. Im d ä n i s c h e n P a r l a m e n t soll eine G e s e t z e s v o r l a g e eingebracht werden, nach der die G r u p p e n e h e l e g a l i s i e r t werden soll. Zerstörung der Familie auf der einen, Trauung von Homosexuellen durch römisch-katholische Priester oder einen entlassenen dänischen Pastor (vom Fernsehen gefilmt) auf der anderen Seite sind Zeichen chaotischer Zerstörung der Schöpfungsordnung Gottes. So schreibt der Apostel Paulus: „Denn der Frevler wird auftreten in der Macht des Satans mit allerlei lügenhaften Kräften und Zeichen und Wundern und mit allerlei Verführung zur Ungerechtigkeit" (2.Thess. 2, 9.10).

3. Kapitel

Zukunft in Teufels Hand?

Ist der Teufel losgelassen?

Es gibt seit einiger Zeit eine Art „satanischer Erweckung". Die Teufelsgestalt, von „zeitgemäßen" Normalpredigern meist schamhaft verschwiegen oder wegerklärt, ist eine aktuelle Person in Amerika. Im kalifornischen Mordprozeß gegen Charles Manson und seine Bande wurde zum erstenmal der Öffentlichkeit klar, was Satanskult und „Neosanatismus" in Nordamerika bedeuten. Charles Manson wurde von den Mitgliedern seiner Bande als eine Inkarnation Satans verehrt. Blind folgte man seinen Befehlen, die jene entsetzlichen Mordtaten in Kalifornien verursachten.

„Die satanische Erweckung", wie die merkwürdige und für unser modernes Europa zunächst kaum faßbare Erscheinung genannt wurde, begann in Amerika eigentlich erst 1967. Damals kam Ira Levins Buch „Rosemary's Baby" mit Riesenauflagen auf den Büchermarkt. Dieses Buch bringt in gespenstisch-romanhafter Form die Story eines Ehepaares, das sich mit „Devil worshippers" (Teufelsanbetern) einläßt. Die Ehefrau Rosemarie — so der Roman — wird vom Teufel schwanger und gebiert ein Kind mit tierähnlichem Gesicht und Körper. Im Satanskult der Gemeinde der Teufelsanbeter werden dann dieses Kind und seine Mutter angebetet. Die scheußliche Erzählung ist eine Verhöhnung der Geburtsgeschichte Christi aus dem Neuen Testament.

Dieser Roman hatte dann ein unheimliches Nachspiel: Der Regisseur, der das Buch verfilmen wollte und der selbst Beziehungen zur sogenannten „Schwarzen Magie" hatte, verlor seine schwangere Frau durch einen Mordüberfall eben jener Manson-Bande, die selbst dem Satanskult verfallen war.

Der Neosanatismus in den USA versteht sich als neue radikale Form des Gotteshasses. Man will nicht wie im „klassischen Atheismus" Gott leugnen, sondern man will ihn durch eine Art Gegengift bekämpfen.

Satanische Kulte stehen oft im Banne der Rauschgiftsucht und als „Hexensabbate" auch im Sog der sogenannten sexuellen Revolution. Daß bereits Einflüsse auf Deutschland übergreifen, wurde am Anfang dieses Buches erwähnt.

Seit 1970 gibt es eine behördlich angemeldete und zugelassene S a t a n s k i r c h e : „The First Satanice Church" in San Franzisco. Haß gegen Gott und H a ß g e g e n d i e v o n i h m g e s e t z t e O r d n u n g , Haß gegen die Schöpfung und V e r h ö h n u n g d e r C h r i s t u s o f f e n b a r u n g sind das „Lebenselement" dieser Satanskulte. Auflösung und Zerstörung, Verachtung und Verspottung des Heiligen, Freude daran, das Böse symbolisch darzustellen, Aufstand gegen alles, was schön, gerecht, gut und lebenswert ist, kennzeichnen diese neosatanische „Erweckung" als eine n i h i l i s t i s c h e (Nihil: das Nichts) B e w e g u n g , als einen A u f s t a n d d e s T o d e s t r i e b e s und des Zerstörungswillens in unserer modernen Gesellschaft.

Allen Ernstes müssen wir uns heute fragen, ob uns die Zukunft eine Art satanischen Zerstörungstrieb bringt, geboren aus Lebensekel und Gotteshaß. Gibt es wirklich eine böse Macht? Oder fragen wir ganz einfach: Gibt es den Teufel?

Daß es eine böse, zerstörerische, sich gegen Gott und die Menschen richtende Macht gibt, ist eindeutige Aussage der Heiligen Schrift. Jesus sagt, daß der Satan ein Mörder von Anfang an (Joh. 8,44), also die Macht der Zerstörung des Lebens sei. Satanisch ist der Haß gegen Gott, weil das Seinwollen wie Gott im Verworfensein vor Gott endete, der Übermut durch die Erniedrigung bestraft wurde. D i e s a t a n i s c h e M a c h t f ä l l t ü b e r M e n s c h u n d K o s m o s und bringt alles L e b e n i n d i e Z w i e s p ä l t i g k e i t , in Krankheit, Lebenskampf, Lebensangst und Todesqual.

Diese Macht des Bösen geht über jede menschliche Vorstellungskraft hinaus. Man kann sich v o m B ö s e n k e i n B i l d o d e r G l e i c h n i s machen. Alle Teufelsbilder sind letzten Endes nur gefährliche Verharmlosungen jener Macht, die man nur zu gern in die Welt von Sage, Märchen oder Mythos abschieben und damit als irreal abstempeln möchte.

Welche Bedeutung hat die böse Macht für die Zukunft?

Wird sich der Böse durch den Fortschritt überspielen lassen?

Wird das Böse am Ende siegen? Bewegen wir uns auf die Dämonisierung der Welt hin?

Die biblische Antwort auf die Frage ist: Durch C h r i s t u s i s t
d i e M a c h t d e s B ö s e n b e s i e g t worden. Auf seinem Weg
zum Kreuz und zur Auferstehung sagt Christus: „Nun wird der
Fürst dieser Welt ausgestoßen werden" (Joh. 12,31), und der Apostel Johannes schreibt rückblickend auf die Heilstaten Christi:
„ . . . dazu ist erschienen der Sohn Gottes, daß er die Werke des
Teufels zerstöre" (1. Joh. 3,8).

Wodurch aber ist dieser Anspruch, Christus habe den Bösen über-
wältigt, gerechtfertigt? Hat sich die Welt durch Christi Kommen
geändert? Ist nicht alles beim alten geblieben? Gibt es nicht immer
noch, ja gerade wieder, Zeichen des Bösen auf dieser Welt?
Die Antwort innerhalb der christlichen Gemeinde auf diese Frage
ist nicht ganz eindeutig und einheitlich. Viele Christen sagen, daß
die Besiegung des Bösen eigentlich noch bevorstehe, wenn Christus
wiederkommt, um auf dieser Erde sein Friedensreich zu gründen,
bevor dann Himmel und Erde ganz neu geschaffen werden.

Die sogenannte offizielle Meinung der Kirche (römisch-katholische,
orthodoxe Kirche des Ostens, anglikanische, lutherische und refor-
mierte Kirche) ist, daß dieses Friedensreich, das heißt die Zeit der
Bindung und Überwindung des Bösen, schon durch das erste Kommen Christi angebrochen sei. Die Macht des Bösen sei durch Christus
besiegt. A m E n d e d e r Z e i t allerdings, b e v o r C h r i s t u s
a u f d i e s e E r d e z u r ü c k k o m m t, um sie zu erlösen, wird
noch einmal die M a c h t d e s B ö s e n s i c h i n i h r e r U n -
h e i m l i c h k e i t f ü r e i n e k u r z e Z e i t z e i g e n.
Ich selbst teile diese Auffassung und meine: D i e M a c h t d e s
B ö s e n i s t b e s i e g t u n d g e f e s s e l t, a b e r d a s B ö s e
i s t n o c h n i c h t v e r n i c h t e t. Über seine eigenen Heilstaten auf dieser Welt sagt Christus: „Es kann niemand einem
Starken in sein Haus dringen und seinen Hausrat rauben, es sei
denn, daß er zuvor den Starken binde und alsdann sein Haus
beraube" (Mark. 3,27).

Christus konnte heilen, vergeben, das ewige Leben schenken, weil er
den Bösen besiegt, gebunden und damit seine Macht gebrochen hatte.
Heute lebt die Christengemeinde in der Zeit, in der die Macht des
Bösen gebunden ist. Das heißt nicht, daß es eine totale Ohnmacht
des Bösen gibt. Der Theologe Karl Barth hat einmal gesagt, daß
d a s B ö s e n u n m e h r a n d e r L e i n e G o t t e s sei, daß es

letztlich doch der christlichen Gemeinde dienen müsse. Aber das gefesselte Böse, die Macht an der Leine Gottes, ist und bleibt eine Realität.

Wir kämpfen mit einem „gebundenen Bösen". So verstehen wir die Aussagen des Neuen Testamentes über die Kampfeshaltung des Christen gegenüber dem Bösen: „Seid nüchtern und wachet, denn euer Widersacher, der Teufel, geht umher wie ein brüllender Löwe und sucht, welchen er verschlinge" (1. Petr. 5,8). Aber dieser Warnung gegenüber gilt auch die andere Aussage: „Herr, es sind uns auch die Dämonen untertan in deinem Namen" (Luk. 10,17). Paradox könnte man es so ausdrücken: Christen leben mit der bösen Macht in einem Kampf, der eigentlich schon durch einen Sieg entschieden ist.
Nur die Christen?
Wie steht es mit der Welt, mit dem Kosmos?
Wie steht es mit den anderen Menschen?

Der Kosmos leidet nach wie vor unter den Spuren satanischer Vernichtung: Lebenskampf, Leid, Krankheit gibt es nicht nur unter den Menschen, sondern unter den Kreaturen, die nach Erlösung seufzen (vgl. Röm. 8,19-22). Menschen, die die Wahrheit der Bibel nicht kennen, leiden dumpf unter einer Macht, die sie weder durchschauen noch von der sie wissen, daß sie durch Christus besiegt ist.

Der Christ aber weiß, daß Himmel und Erde vergehen. Vorher wird die ganze elementare Kraft der bösen Gewalt noch einmal aufbrechen. In der Heillosigkeit dieser zukünftigen Zerstörungsmacht wird der Christ dann erkennen, daß der Böse los ist. Im letzten Buch der Bibel, in der Offenbarung des Johannes (20,7), lesen wir: „Und wenn die tausend Jahre vollendet sind, wird der Satan los werden aus seinem Gefängnis." Die satanische Macht wird nicht die Gemeinde Christi verführen können, sondern „die Heiden an den vier Enden der Erde" (Offb. 20,8).

Die Menschheit wird also in die irrsinnige Verblendung des brutalen Gottes- und Christushasses verfallen; sie wird die Gemeinde Christi umringen („umringten das Heerlager der Heiligen", Offb. 20,9),

das heißt bedrängen, quälen und verfolgen. D a n n w i r d — i n
d e r W i e d e r k u n f t C h r i s t i — d i e M a c h t d e s B ö s e n
v e r n i c h t e t w e r d e n.

Es ist also ein dramatischer Weg, eine „h e i l s d r a m a t i s c h e"
S p a n n u n g, durch die die christliche Gemeinde ihren Weg gehen
muß und wird.

Nun aber kommt die Frage: Kann man „modernem" Denken und
Fühlen ernsthaft zumuten, an die Existenz einer persönlichen, bösen
Macht zu glauben?

Ist das nicht wirklich ein Relikt vorwissenschaftlichen, ja einfach
primitiv-magischen Denkens? Die Frage beantwortet sich für den
wissenschaftlichen Menschen ganz einfach damit, daß Teufelsglaube
als Relikt des Aberglaubens abgelehnt wird. Heute meint man doch,
die Ursache allen Geschehens in Natur und Gesellschaft „begriffen"
zu haben. Und „begriffen" hat man keinen — weder einen guten
noch einen bösen — „Geist".

Was man früher dem Teufel oder den Hexen oder Kobolden ankrei-
dete, gilt heute als naturgesetzlich gegeben oder als gesellschaftliches
oder psychologisches Fehlverhalten. Ein kaputtes Auto hat keinen
bösen Geist, wie Primitivvölker vielleicht heute noch meinen, sondern eine zu reparierende Funktionsstörung.

Und Besessene gibt es nicht, sondern es sind Menschen, die unter
gestörter Gehirnfunktion leiden, die sicherlich in einigen Jahrzehn-
ten heilbar ist.

Funktionsstörung und Reparatur statt Dämonie und Erlösung?

Aber was verursacht die Zerstörung letztlich?

Wer oder was wirft Schatten auf diese Welt?

Sicherlich wird man Autos reparieren, Kranke operieren — so wie
es das Wissen gebietet! Aber ist damit die Ursache aller Zwiespältigkeiten auf dieser Welt begriffen?

Der G e g e n w a r t s m e n s c h lebt aus dem ihm selbst bomben-
sicheren Bewußtsein, daß die Zeit der Geister und Dämonen als die
Welt des Aberglaubens hinter ihm liegt. Er sieht die W e l t a l s
e n t d ä m o n i s i e r t u n d w i s s e n s c h a f t l i c h e r k l ä r -
b a r a n.

Der moderne Mensch „glaubt" also daran, daß er „das" Böse in
seiner Hand hat. Er sagt bewußt nicht „der" Böse, sondern „d a s"
B ö s e, weil er von der Voraussetzung ausgeht, es m i t e i n e r

„Sache" zu tun zu haben, die er manipulieren kann, und nicht mit einer personalen Macht, die ihm gegenübersteht.

Aber der Einwand des Christen lautet: Ist denn nicht die Macht, mit der wir das Böse abschaffen wollen, selbst die Gefährdung unseres Lebens? Wird diese Macht nicht zum Instrument der Herrschaft des Menschen über den Menschen — eben zu jener Macht, durch die der Mensch die Welt nach seinem Bilde schaffen will? Steht er letzten Endes nicht doch — in abgründiger Hilflosigkeit — dieser Macht gegenüber?

Aus biblischer Sicht ist das Böse wesentlich Wille zur Macht. Ein Wille zur Macht, der sich gegen Gott, gegen seine Ordnung und gegen seine Schöpfung richtet. Das Böse ist aggressive Macht gegen Gott und Mensch. Wer will bestreiten, daß diese Aggressivität wächst?

Wenn Christen nicht „das" Böse, sondern „der" Böse sagen, wenn sie von der gott- und menschenfeindlichen Macht dieser Welt reden, dann meinen sie damit die Personalität des Bösen. Das bedeutet nicht, daß sie sich diese „Person" des Bösen vorstellen oder daß man sie sich gar ausmalen kann. Was haben Maler (guten oder bösen Willens) nicht zuletzt in Bibelillustrationen oder Kinderbibeln durch ihre Phantasiegebilde für Schaden angerichtet! Wir können uns auch nicht vorstellen oder ausmalen, was es heißt, daß durch den Sieg Christi die Macht des Bösen gefesselt ist. Das bedeutet doch nicht, daß da einige leibhaftige Kobolde mit Ketten behangen in einem dunklen Loch liegen. Wo menschliche Vorstellungskraft gesprengt wird, spricht die Bibel gleichnishaft über Elemente unseres Daseins und unseres Verhältnisses zu Gott, als über Geschehnisse zwischen Himmel und Erde, die wir eben nicht begreifen oder uns vorstellen können.

Die Personalität des Bösen bedeutet:

1. Daß die böse Macht mit nichts auf dieser Erde identifiziert werden darf, weder mit einem Menschen, einer Rasse, einer Klasse noch mit irgendeinem anderen Bereich der sichtbaren Schöpfung.

2. Daß die Macht des Bösen mit Ziel, Plan und Absicht ihr Zerstörungswerk betreibt. Und daß diese böse Macht nicht ein Produkt menschlicher Bosheit ist, sondern umgekehrt Ursache des Bösen auch in der Welt des Menschen setzt.

3. Daß die böse Macht kein Nebengott ist, nicht von Ewigkeit her war oder sein wird, sondern daß sie sich als ein von Gott ursprünglich gut geschaffenes Geistwesen gegen Gott erhoben hat. Satanische Macht ist im Wesen gegen Gott rebellierende Macht.

Böse — das ist die Macht um ihrer selbst willen, um zu manipulieren und um zu zerstören. Es ist die Macht als Verwirrung, die Kombination von Überredung und Terror. Es ist die Macht, die sich darstellt im Rassismus, im Sexualismus, Militarismus, Ideologismus, im Kollektivismus — es ist die Macht, die anklagt, erschreckt, lähmt, verwirrt, Gesellschaftsgebilde atomisiert und in christlichen Gemeinden den Geist der Sekten und Parteien „erweckt".

Christen wissen, daß diese Macht „an der Leine Gottes" ist. „...das Wort bleibt bei euch, und ihr habt den Bösen überwunden", schreibt der Apostel Johannes (1. Joh. 2,14). Natürlich: Der Christ ist von der Sünde frei, aber er ist nie ohne Sünden, er braucht immer die Vergebung. Genauso: Der Satan ist überwunden, kann nicht über den Christen herrschen, aber ihn dennoch zum Kampf und zur Auseinandersetzung zwingen.

Im Wissen darum, daß Christus den Bösen besiegt hat, kann der Christ in souveräner Gelassenheit der Macht des Bösen gegenüberstehen. Dafür ein Beispiel:

Luther hatte bis zu seinem Lebensende mit dem Teufel zu kämpfen. Für ihn war die Anfechtung ein Glaubenszeichen, denn der Christ muß den Teufel zum Feind haben. Luther warnt aber davor, den Bösen zu ernst zu nehmen und sich mit ihm in einen zermürbenden Kleinkrieg einzulassen. Vielmehr schlägt er vor, durch Nichtachtung an dem Bösen vorüberzugehen.

1530 schreibt er aus der Festung Coburg an Hieronymus Weller: „Denn das bedeutet nichts anderes als dem Teufel nachgeben und unterliegen. Ihr sollt euch vielmehr anstrengen mit aller Kraft, solche vom Teufel eingegebenen Gedanken zu verachten. Bei dieser Art von Anfechtung und Kampf ist Verachtung das beste und einfachste Mittel, den Teufel zu überwinden."

Diese Verachtung des Bösen aus der Gewißheit des Sieges durch Christus gilt auch, wenn endzeitlich der Böse „losgelassen" wird. Die ungeheure Machtkonzentration von den Vernichtungswaffen bis zu den technischen Möglichkeiten der medizinischen, biologischen und chemischen Manipulation, Umstrukturierung und Zerstörung der Humanität und der menschlichen Umwelt sind noch „gefesselt". Das heißt: Noch schreckt der Mensch vor den letzten Möglichkeiten der Anwendung seiner Macht zurück — er schreckt deswegen davor zurück, weil die Macht noch irgendwie durch die Ehrfurcht vor Gott — durch „Tabus" gebunden ist.

Die Anzeichen dafür aber, daß die Bindung dieser uns bedrohenden Energien aufhört, daß die Hemmungen, Mensch und Welt zu manipulieren, nachlassen, daß sogenannte „Tabus" durch die pausenlose Gehirnwäsche unserer Massenmedien zertrümmert werden, daß der Todestrieb, der vielleicht auch vor der Anwendung von Massenvernichtungsmitteln nicht zurückschrecken wird, wächst — diese Anzeichen melden die Entfesselung der bösen Gewalt. Sie aber wird die Gemeinde Christi nicht überwältigen — sondern der Herr dieser Gemeinde, Christus selbst, wird durch seine Wiederkunft den göttlichen Sinn der Schöpfung erfüllen und das Böse für ewig überwinden und vernichten.

Vom Kommen des Antichristen

Die Synode des „Bundes der evangelischen Kirchen in der DDR" hatte sich im Jahre 1972 mit einem besonderen Problem zu beschäftigen: Vom Kultusministerium der DDR wurden — so mußte man auf der Synode feststellen — Einwände gegen den Inhalt vieler theologischer Veröffentlichungen erhoben. Zu diesen Einwänden gehörte auch, daß in christlichen Büchern der Mensch als Sünder verstanden wird. Von der Ideologie der „Beanstander" aus geurteilt, wurde „Sünde" als „Verneinung der optimistischen Grundhaltung einer sozialistischen Gesellschaft" abqualifiziert.

Etwa zur selben Zeit wurden in einer Artikelserie der „Prawda" (diesmal nicht der Moskauer, sondern der Preßburger Prawda) die schädlichen Auswirkungen der Religion auf Gemüt und Geist des Menschen behandelt. „Christliche Religion" — so konnte man in dieser Artikelserie lesen — „verursacht Minderwertigkeitskomplexe, Magengeschwüre und Darmschäden". Und im Januar 1973 schrieb die Moskowskaja Prawda unter der Überschrift „Kommunismus und Christentum sind unvereinbar" einen Artikel, in dem (lt. Übersetzung der „Frankfurter Allgemeinen" vom 27. 1. 1973) behauptet wird: „Der religiöse Glaube und die religiösen Vorstellungen sind unvereinbar mit den wissenschaftlichen Tatsachen, und die Wissenschaft widerlegt alle religiösen Dogmen." A l s o : C h r i s t e n w e r d e n a n g e k l a g t , g e g e n d i e „ h e i l i g s t e n G ü t e r d e r Z e i t " z u l e b e n , g e g e n „ W i s s e n s c h a f t " u n d „ F o r t s c h r i t t s g l a u b e ".

Es soll hier kein Überblick über die ideologische Herausforderung des Christentums in der jüngsten Vergangenheit und in der Gegenwart gegeben werden. Wir beschränken uns zunächst auf die Feststellung, daß das 20. Jahrhundert die stärkste Herausforderung der christlichen Gemeinde gebracht hat und daß es in keinem Jahrhundert der Geschichte der Kirche so viele christliche Märtyrer gegeben hat wie im 20. Jahrhundert: Nationalismus, Rassismus, Liberalismus, Anarchismus und Kommunismus haben die christliche Gemeinde verfolgt, viele in ihrer Mitte getötet, ihre Kirchen zerstört und geschändet.

Um die Jahrhundertwende wurden (durch türkischen Nationalismus) im damaligen Osmanischen Reich etwa eine Million armenischer Christen durch Verfolgung, Verschleppung und andere Quälereien umgebracht, in Südamerika und Mexiko (dort 1925—1935 Kirchenkampf: Ausweisung der Bischöfe, Schließung der Priesterseminare, atheistische Jugenderziehung: Zahl der Märtyrer etwa fünftausend) gerieten Christen in den Sturm liberalistischer und sozialistischer Kirchenverfolgung.

In Spanien (Zerstörung von ungefähr zweitausend Kirchen, Ermordung von etwa sechstausend Priestern und anderen aktiven Mitarbeitern des kirchlichen Lebens) wurden Christen zwischen den Fronten eines grausamen Bürgerkrieges zerrieben und mußten die Exzesse politischer Abenteurerbanden über sich ergehen lassen.

In Rußland sollen durch die Revolution 70 Prozent der Kirchen geschlossen und 85 Prozent der Priester vom Amt ausgeschlossen worden sein. 107 orthodoxe Bischöfe — so wird angegeben — wurden exekutiert und die Teilnahme von Jugendlichen unter achtzehn Jahren am Gemeindeleben untersagt. Und heute noch sollen Christen in Irrenanstalten langsam zu Tode gequält werden. Wenn Religion „unwissenschaftlich" ist — kann man Gläubige schon leicht als Geisteskranke behandeln!

Man kann nur hoffen und wünschen, daß manches übertrieben ist, was über Rußland berichtet wird, und daß die Christen bald unangefochten ihrem Glauben und ihren guten Taten leben dürfen.

Nicht die Geschichte der Christenverfolgung interessiert uns hier, sondern die Art und Weise der Herausforderung der Christen im 20. Jahrhundert: A l l e I d e o l o g e n r e g e n s i c h d a r - ü b e r a u f , d a ß d i e C h r i s t e n v o n d e r S ü n d e r e d e n. Der Christ setzt seine Hoffnung nicht auf die Welt, die Menschen oder die menschliche Gesellschaft, sondern auf Gott selbst. Er lebt aus der Kraft Gottes.

Hier setzt das moderne Heidentum ein. Ich erinnere mich an viele Gespräche, die ich — damals noch nicht einmal konfirmiert — mit nationalsozialistischen Neuheiden führte: Meistens kam das Gespräch zu dem Punkt, an dem behauptet wurde: Diese Demutshaltung, insbesondere das Gerede von der Sünde, ist unvereinbar mit dem Lebenswillen, Selbstvertrauen, der Stärke, Kraft und dem Heldentum der nordischen Rasse.

D i e I d e o l o g e n d e s 2 0. J a h r h u n d e r t s p r o k l a - m i e r e n b e i u n t e r s c h i e d l i c h e r A r g u m e n t a t i o n i m e i n z e l n e n d i e S e l b s t h e r r l i c h k e i t d e s M e n - s c h e n, sie bekämpfen die Demut der Christen vor der Heiligkeit des lebendigen Gottes. Anders ausgedrückt: Der Mensch soll ohne Gott sein, weil er sich selbst ein Gott ist. Genau das aber zu verkündigen, ist die Strategie des Antichristen.

Im ersten Briefe des Apostels Johannes heißt es: „Wenn wir sagen, wir haben keine Sünde, so verführen wir uns selbst, und die Wahrheit ist nicht in uns" (1.Joh.1,8). „Wer sagt", fährt der Apostel Johannes fort, „wir haben nicht gesündigt, macht Gott zum Lügner" (1.Joh.1,10). Denn unter der Begegnung mit dem heiligen Gott erfahren wir unsere Unwürdigkeit und Verlorenheit — eben jene Spannung, die nur dort gegeben sein kann, wo der Mensch aus sich selbst und seiner Ichverkrampfung herausgerufen wird.

In diesem Brief des Apostels Johannes ist nun auch die Rede von dem Antichrist. Der Apostel Johannes schreibt: „Und ein jeglicher Geist, der Jesus nicht bekennt, der ist nicht von Gott. Und das ist der Geist des Antichristen, von welchem ihr habt gehört, daß er kommen werde, und er ist jetzt schon in der Welt" (1.Joh.4,3). Wer ist der Antichrist?

Wir stellen diese Frage zunächst zurück und fragen: Was will der Antichrist? D e r A n t i c h r i s t l e u g n e t C h r i s t u s, den Heiland der Welt, u n d e r l e u g n e t G o t t. Er leugnet den Vater und den Sohn: „Das ist der Widerchrist, der den Vater und den Sohn leugnet" (1.Joh.2,22).

Der Antichrist oder der Mensch der Gesetzlosigkeit will sich über Gott selbst erheben, will selbst als Gott angebetet werden. Im zweiten Brief an die Thessalonicher (2.Thess.2,4) schreibt Paulus: „Es ist der Widersacher und überhebt sich über alles, was Gott oder Gottesdienst heißt, so daß er sich setzt in den Tempel Gottes und vorgibt, er sei Gott."

D e r A n t i c h r i s t i s t d i e K r a f t d e r V e r f ü h r u n g z u r U n g e r e c h t i g k e i t, d e r A u f h e b u n g d e r G e b o t e; e r b e t r e i b t d i e A u f l ö s u n g d e r m e n s c h l i c h e n G e - s e l l s c h a f t d a d u r c h, d a ß e r s i e i n d a s C h a o s s i t t - l i c h e r O r i e n t i e r u n g s l o s i g k e i t f ü h r t: „Mit aller- lei Verführung zur Ungerechtigkeit bei denen, die verloren werden, weil sie die Liebe zur Wahrheit nicht angenommen haben ..." (2.Thess.2,10).

Der Antichrist wird gegen die Gemeinde Christi streiten, wird dabei nicht nur Gott lästern, sondern die G e m e i n d e m i t G e w a l t v e r f o l g e n. In der Offenbarung des Johannes lesen wir: „Und ihm ward gegeben zu streiten wider die Heiligen und sie zu über- winden ..." (Offb.13,7). Der Antichrist will die Macht und be- kommt die Macht. Er verwirklicht das satanische Prinzip der Macht- gier, der gott- und menschenfeindlichen Lust, Menschen zu beherr- schen: „... und ihm ward gegeben Macht über alle Geschlechter und Sprachen und Heiden", schreibt der Apostel Johannes (Offb.13,7), und alle, die nicht an Christus glauben, die also nicht den geistlichen Beziehungspunkt ihres Lebens gefunden haben, wer- den durch P r o p a g a n d a hinweggespült und gehen vor der M a c h t d e r L ü g e in die Knie: „Und alle, die auf Erden woh- nen, beten es an, deren Namen nicht geschrieben sind in dem Lebens- buch des Lammes" (Offb.13,8).

Wer ist der Antichrist? Der Zeitgeist, ein Weltdiktator, ein Politiker, ein irrlehrender Kirchenfürst, ein Sektenprediger?

Alles deutet darauf hin, daß der A n t i c h r i s t, der „Mensch des Frevels", e i n e w i r k l i c h e P e r s o n und nicht eine Idee ist.

Der Antichrist lebt und wirkt als die sich gegen Gott erhebende, ihn lästernde und für sich Anbetung erheischende Übermenschlichkeit.

Vor hundert Jahren hatte man sich so etwas nur schwer — wenn überhaupt — vorstellen können. Heute ist das anders: Im P e r s o n e n k u l t der großen politischen Führer und P s e u d o h e i l a n d e unseres Jahrhunderts erkennen wir vielleicht schon etwas von dem, was am Ende der Zeit auf uns zukommt. Im Antichrist wird sich die Gottesfeindschaft und der Christenhaß in einer Art Übermensch verwirklichen oder personifizieren; er wird — umjubelt von einer gottesfeindlichen Menschenmasse — sagen, was eben diese M a s s e will: Das Leben ohne Gott im Sein wie Gott. Die Menschheit wird ihn also g a r n i c h t a l s i h r e n F e i n d e r k e n n e n , sondern sie wird ihn als Freund, Führer, H e i l s b r i n g e r u m j u b e l n und anbeten, wie einen Gott verehren.

Wann wird der Antichrist kommen?

Johannes schreibt: „So sind nun viele Antichristen geworden, daher erkennen wir, daß die letzte Stunde ist" (1.Joh.2,18), und etliche Verse später heißt es, daß „er kommen werde, und er ist schon jetzt in der Welt" (1.Joh.4,3).

Das hört sich merkwürdig an: Der Antichrist kommt — und ist schon da, schreibt der Apostel Johannes. Der Sinn dieser sich zunächst paradox anhörenden Formulierung ist aber: Die a n t i c h r i s t l i c h e M a c h t hat es schon immer gegeben, seit Christus in die Welt gekommen ist. Sie wird sich aber i n d e r G e s c h i c h t e s t e i g e r n und vor der Wiederkunft Christi ihre ganze Brutalität entfalten. Bevor der Teufel los wird, wird der A n t i c h r i s t s i c h p e r s o n i f i z i e r e n — sich in menschlicher Gestalt offenbaren und als eine Art Weltdiktator zum Idol einer gottlosen und gottfeindlichen Menschenmasse werden.

Auch der Apostel Paulus schreibt, daß der Antichrist in der Endzeit auftritt. Bevor Christus wiederkommt, muß der „Abfall kommen und offenbart werden der Mensch der Sünde, das Kind des Verderbens" (2.Thess.2,3). Dann wird Christus wiederkommen und ihn „mit dem Geist seines Mundes" (2.Thess.2,8) vernichten.

Wie Johannes sieht auch Paulus die Spannung zwischen Zukunft und Gegenwart. Der Antichrist wird erst offenbar werden unmittelbar vor der Wiederkunft Christi, aber er ist schon jetzt da: „Es regt sich bereits das Geheimnis der Bosheit" (2.Thess.2,7), schreibt Paulus.

Es ist noch eine Macht da, die sein Auftauchen aufhält. D e r A n -
t i c h r i s t ist immer schon da, b e g l e i t e t d i e C h r i s t e n -
h e i t , s t e i g e r t s i c h a m E n d e d e r Z e i t , b i s e r v o l l -
e n d s s i c h t b a r w i r d und als der Mensch der Sünde „Füh-
rergestalt" der Menschheit wird. Wie Johannes sieht es auch der
Apostel Paulus: Bevor das geschieht, w i r d s i c h d e r A n t i -
c h r i s t l a n g s a m a u f b a u e n und werden die Vorboten seines Kommens („So sind schon viele Widerchristen geworden . . .",
1. Joh. 2, 18) durch die Geschichte der Menschheit geistern.

Auch der A n t i c h r i s t h a t s e i n e V o r l ä u f e r , von den
Christenverfolgungen der alten Kirche bis zu den Machtmenschen
unserer Tage, von den Tagen Neros bis heute. Sie alle sind nicht
der Antichrist, sie tragen aber bereits die Züge des Antichristen,
bilden — noch unvollkommen — das ab, was am Ende der Zeiten
allen Christen deutlich sichtbar und erkennbar sein wird.

Wie oft ist im Namen des Christus gegen Christen gekämpft worden:
heute aber scheint sich dieser Kampf gegen die christliche Gemeinde
in einer doppelten Weise zu steigern. Einmal in der Intensivierung
dieses Kampfes gegen die christliche Gemeinde und sodann in einer
umfassenden, breite Volksmassen ergreifende antichristlichen Bewegung.

Im Blick auf das Kommen des Antichristen müssen wir noch ein entscheidendes Merkmal seines Unwesens bedenken — es geht vor allem
die Christen selber an: Über den Antichrist schreibt der Apostel
Johannes: „Sie sind von uns ausgegangen, aber sie waren nicht von
uns" (1. Joh. 2, 19). Hier liegt eine entscheidende Erkenntnis: Der
A n t i c h r i s t gehört zwar nicht zur christlichen Gemeinde, aber
e r t r i t t i m N a m e n d e r c h r i s t l i c h e n G e m e i n d e
a u f , „beschäftigt" sich mit der christlichen Gemeinde, versteht sich
selbst als „Christentum", ahmt Christus selbst nach.

„Der Antichrist", sagt Luther, „sitzt nicht in einem Teufelsstalle, in
einem Schweinestalle oder unter dem Haufen der Ungläubigen, sondern an der edelsten und heiligsten Stätte, nämlich im Tempel Gottes."

Und an einer anderen Stelle meint er, daß sich der Antichrist, der
die Gebote Gottes verachtet, verändert und schließlich aufhebt und
die Gewissen freispricht vom Gehorsam gegen Gott, christlich tarnen,
ja geradezu im Namen Christi oder Gottes sein Wesen treiben
wird: „Vom Antichrist wird alles so eingerichtet, und er redet dem

breiten Volk ein, daß alles, was er auch immer gegen die Frommen unternimmt, auf Befehl und im Namen Gottes geschehe."

Jetzt verstehen wir auch, wenn Christus sagt, daß alle, die seine Gemeinde verfolgen, meinen, Gott damit einen Dienst zu erweisen (Joh.16,2).

W. Solowjow hat um die Jahrhundertwende in seiner fast prophetischen Vision vom Antichrist vorausgesagt, daß eine alle Konfessionen umfassende Einheitsbewegung die Zukunft der Christenheit prägen würde. Diese E i n h e i t s k i r c h e m i t z e n t r a l e r L e i t u n g a b e r a n t i c h r i s t l i c h e r I d e o l o g i e war seine Vision der Kirche des Antichristen. Die Leugnung des Gottessohnes und die Anbetung des Menschen, der alleingelassen und vereinsamt nur noch zu sich selbst beten kann, sind die Kennzeichen des Antichristen, der — so in der Vision Solowjows — den Orthodoxen ihre Liturgie, den Römern ihr Kirchenrecht und den Protestanten ihre Bibelkritik überläßt. Nur das ist die Voraussetzung: Die Liturgie muß ohne wirkliches Gebet, das Kirchenrecht nur Selbstzweck sein und die Bibelkritik den Sohn Gottes am Schreibtisch töten. Liturgie als ritualistisches Playboytum, kirchliche Organisation um der Organisation willen und Bibelkritik, um Christus am Katheder zu morden — das wäre der Antichrist in einer Einheitskirche, die uns die Zukunft vielleicht bald bringen wird, wenn der „Greuel der Verwüstung an heiliger Stätte" ist (Matth.24,15).

Sind wir schon unmittelbar auf dem Wege dahin?

Als 1969 zweihundert Theologen — zum Teil (wie der „Spiegel" Nr. 14, 1969 schreibt) mit „Maos roter Bibel in der Tasche und Lenins Konterfei am Revers" — in Bochum zusammenkamen, um die „Diskussion einer Revolutionsstrategie" zu betreiben, stand zur Debatte, ob man den kirchlichen Apparat von außen bekämpfen oder von innen aushöhlen solle. Die letztere Taktik fand am meisten Anklang.

Ich frage: Wie steht es heute? Wird unsere Kirche ausgehöhlt durch Irrlehre? Schon 1966 ergab eine Umfrage unter Mitgliedern des Nationalrates der Kirchen in den USA, daß jeder dritte Delegierte nicht an Gott glaubt!

Hier nur einige Beispiele, die mich ernst und quälend fragen, o b n i c h t s c h o n h e u t e d e r A n t i c h r i s t „an h e i l i g e r S t ä t t e" langsam aber sicher anfängt, sich zu z e i g e n , seine Maske fallen zu lassen, um dann morgen — nachdem wir durch seine Vorspiele präpariert und an ihn gewöhnt wurden — in seiner ureigensten Grimasse sich selbst sehen zu lassen: Während der Münchener Olympiade wurde durch das Fernsehen ein ökumenischer Gottesdienst aus dem Olympiadorf übertragen, in dem Christus als der „tanzende Christus" vorgestellt wurde: Von einem Tänzer im hautengen Trikot dargestellt.

Zeitungen berichteten später zu diesem Gottesdienst ergänzend: „Der Gottesdienst begann erst richtig, als er zu Ende war: Jung und alt drehte sich mit wachsender Freude nach den Klängen der Dixieland-Band ,Hot Dogs' zu den rauchigen Liedern . . ." (vgl. „Fels" Nr. 10, 1972). — Bald wird sich wohl kein Mensch mehr über Ungeheuerlichkeiten der Schamlosigkeit in Kirchen wundern. Papst Paul sagte am 26. 9. 1972 im Petersdom: „Wir haben den Eindruck, daß der Rauch Satans durch irgendeinen Riß in den Tempel Gottes eingedrungen ist." A n t i c h r i s t   h e i ß t : L e u g - n u n g , d a ß C h r i s t u s d e r e w i g e G o t t e s s o h n i s t , d i e   V e r h ö h n u n g   d e r   A n b e t u n g   d e s   C h r i s t u s , Z e r s t ö r u n g   d e s   H e i l i g e n .

Der Apostel Johannes sieht voraus: Irregeleitete Menschen werden den Antichrist anbeten. Sie werden fragen: „Wer ist dem Tiere gleich, und wer kann mit ihm kriegen?" (Offb.13,4).

Wenn der Antichrist seine Herrschaft aufgerichtet hat, kann niemand kaufen oder verkaufen, ohne das „Abzeichen" des Antichristen zu tragen (Offb.13,17).

Der Mensch wird unter einer D i k t a t u r leben, die jeden Freiheitsraum ausschließt. Er wird total kontrolliert und programmiert. Kurzum: Erst heute können wir uns vorstellen, wie sich die Macht des Antichristen realisieren wird.

Vor einiger Zeit hat der wissenschaftliche Beirat des Weißen Hauses in Washington ein „Modell" durchgespielt und dann ernsthaft in Vorschlag gebracht. Dieses „Denkmodell" sieht so aus:

1. Jeder Bürger der USA soll von einem zentral gelenkten Ultrakurzwellensender rund um die Uhr angesprochen werden können. Das System soll 24 Stunden am Tag operieren, um 100 Prozent der Bevölkerung jederzeit zu erreichen und selbst aus dem Schlaf wecken zu können.

2. Es darf nicht erlaubt sein, dieses Zwangsradio abzustellen. Jeder muß hören, ob er will oder nicht.

Ein anderer Vorschlag dieser Institution sieht vor, alle Kinder und Eltern durch ein zentrales Radio- und Fernsehnetz zu guten Weltbürgern zu erziehen, oder durch ein elektronisches Postbeförderungswesen Briefumschläge durchsichtig zu machen und den Inhalt per Computer an den Bestimmungsort weiterzugeben.

Alle diese Vorschläge stießen auf den energischen Widerstand freiheitlich gesinnter Amerikaner. Sie zeigen aber, daß schon heute die Möglichkeit einer totalen Kontrolle des Menschen gegeben ist. Es gibt die Möglichkeit, daß einige wenige über alle anderen herrschen, daß einer (der Antichrist) über alle gebietet.

Die Bereitschaft, eine Menschheit zu indoktrinieren (sie unter den Einfluß einer Doktrin zu setzen), die Möglichkeit, daß totale Machtapparaturen über den Menschen herfallen, gewinnen von Tag zu Tag mehr und mehr an Form. In dem 1972 erschienenen Buch „T h e N e w T o t a l i t a r i a n s" („Die neuen Totalitären" — das Buch wurde bislang noch nicht ins Deutsche übersetzt) von Roland Huntford, dem Skandinavien-Korrespondenten des Londoner „Observer", wird am Beispiel Schwedens gezeigt, wie die Macht des Menschen über den Menschen sich immer mehr totalisiert, wie das Christentum dabei aber als „Hindernis" empfunden wird. Er zeigt auch, wie solch ein Hindernis ausgeräumt wird, und bringt dafür ein Beispiel:

Im Zuge großer Stadtsanierungen in Stockholm mußte die einzige katholische Kirche der Stadt abgerissen werden. Als die Gemeinde das Geld für den Neubau der Kirche an einer anderen Stelle gesammelt hatte, mußte der Plan eines Neubaus fallengelassen werden, denn der schwedische Staat verlangt 25 Prozent Luxussteuer vom Baupreis.

Kirchen kommen auf die Liste der nicht notwendigen Gebäude und werden mit einer für die Gemeinde fast untragbaren Luxussteuer belegt. Steht dahinter die Absicht, den Bau neuer Kirchen zu verhindern? Diese Absicht ist schon deswegen schwerlich auszuschließen, wenn man die von Huntford zitierte Aussage der schwedischen Kirchenministerin über die Kirche hört: „We are dismantling the Church bit by bit. And where necessary we are using economic means to do so." („Wir werden die Kirche Stück für Stück abbauen. Und wenn nötig, wenden wir wirtschaftliche Mittel an.")

Bringt die Zukunft Städte ohne Kirchen, ohne Glocken, ohne Anbetung — Stätten, an denen der Mensch furchtbar einsam sein wird, wo er nicht mehr beten kann — Stätten, an denen er sehr unruhig werden wird, weil ihm der Friede mit Gott genommen ist? Wird dies die Konsequenz sein: Die K i r c h e n f r e u n d l i c h k e i t d e r „a b e n d l ä n d i s c h e n" S t a a t e n wird zur Kirchengleichgültigkeit, die Kirchengleichgültigkeit s c h l ä g t u m i n K i r c h e n f e i n d s c h a f t ?

Als im Januar 1973 die Jungdemokraten des Landesverbandes Nordrhein-Westfalen die Trennung von Staat und Kirche forderten, war nicht diese Forderung, sondern die Art und Weise der Argumentation — besser die Art und Weise des Angriffs gegen das Christentum — von gleichsam „antichristlicher Bedeutsamkeit". In dem „Christentum und Liberalismus" betitelten Entschließungsantrag heißt es: „Liberalismus wendet sich dabei gegen die Ableitung menschlichen Handelns aus dogmatischen Wertsystemen, die den totalen Anspruch auf letzte Wahrheiten erheben", denn — so wird argumentiert — „Grundvoraussetzung für die Errichtung einer liberalen Gemeinschaft ist deshalb die Überwindung von Religion, das heißt die Bindung des Menschen an letzte Grundwahrheiten" ... denn „die Beziehung des unmündigen Kindes (Bruders) zum allwissenden Vater ... schließt die Emanzipation der Kinder von dem Allmächtigen von vornherein aus."

Also die Aufforderung: Emanzipiert den Menschen von Gott. Nämlich: „Wer sich im Besitz der geoffenbarten Wahrheit glaubt, kann nicht tolerant sein!" Folglich: Christen sind intolerant, autoritär — sie sind „lustfeindlich", sie sind — das müssen dann die letzten Konsequenzen dieses „papers" sein: Feinde des Menschengeschlechtes.

Dieses antichristliche Dokument bringt fast alle Symptome antichristlicher Polemik: Gott als „Repression" — Verurteilung absoluter Werte und Gesetze, bis zur Forderung der Emanzipation des Menschen von Gott.

In nächster Zukunft wird sich voraussichtlich dieses ereignen: Die Kirchenfreundlichkeit des Staates der Bundesrepublik Deutschland, die für fast zwei Jahrzehnte wie ein warmer Regen auf das satte, kirchlich-bürgerliche Leben fiel, wird zunächst in kühle Neutralität und dann sehr wahrscheinlich in Aggressivität und gar Verfolgung umschlagen, wenn die christentumsfeindliche Einstellung weiter propagiert und wenn die Volkskirche weiterhin so ratlos, so hilflos, so halbgläubig oder gar ungläubig ihren Sandweg weitergeht und durch Unentschiedenheit weiterhin Zweifel sät.

In der Zeit der Anfechtung und Verfolgung wird sich die christliche Gemeinde sammeln, wird die Verkrustung in Tradition und leere Formen dahinfallen. Es wird dann keiner mehr aus Mode Christ sein. Solowjow hat in seiner bereits zitierten Legende vom Antichrist die großartige Vision, daß die C h r i s t e n a u s a l l e n K o n - f e s s i o n e n sich finden und sich der G r o ß o r g a n i s a t i o n s - k i r c h e d e s A n t i c h r i s t e n e n t g e g e n s t e l l e n werden.

Der Christ, der in die Zukunft blickt, wird zunächst von Angst überfallen. Christus hat uns vorausgesagt, daß wir in der Welt Angst haben werden (Joh.16,33). Aber er hat diese Angst überwunden, und auch die christliche Gemeinde wird durch seine Kraft diese Angst überwinden. Sie wird durch alle Herausforderung hindurch stärker und unbeirrbarer der Wiederkunft entgegenleben; denn die Pforten der Hölle werden die Gemeinde nicht überwältigen (Matth.16,18), und den Christen vermag nichts zu scheiden von der Liebe Gottes, die in Christus sichtbar geworden ist (Röm.8,39).

Deswegen geht die Gemeinde Christi in die Zukunft:

Realistisch — ohne Illusionen,
demütig — ohne Selbstsicherheit,
voll Vertrauen — ohne Pessimismus,
in Gewißheit des Glaubens — ohne Verzweiflung.
In der Kraft der Gerechtigkeit und der Liebe,
als der Fels im Chaos des Untergangs.

Information: Teufel, Endzeitereignisse, Christenverfolgung

„Teufel-ist-tot-Theologie"

Im Bewußtsein des normalen Neuprotestanten gibt es keinen Teufel. Der Teufel wurde gestrichen. Wobei allerdings die Konsequenz war und ist, daß dem Tode des Teufels sehr bald der Tod Gottes folgte.

Gegenwärtig wird in der römisch-katholischen Kirche ein Streit um den Teufel ausgetragen. Der liberale Tübinger katholische Theologieprofessor Herbert Haag hat in seinem 1972 erschienenen Buch „Abschied vom Teufel" die in der Bibel eindeutig bezeugte Macht des Bösen als „reine Erfindung" abgeschoben. Bereits 1966 hatte Haag gegen eine andere Grundlehre der Bibel in seinem Buch „Biblische Schöpfungslehre und kirchliche Erbsündenlehre" geschrieben: Er bestritt die Realität der Erbsünde.

Während protestantische Theologen an den theologischen Fakultäten Westdeutschlands heute praktisch lehren können, was sie wollen, wurde in der katholischen Kirche scharfer Widerspruch erhoben. Papst Paul VI. zu der Bestreitung der Realität des Teufels: „Wer die Existenz dieser Realität bestreitet, stellt sich außerhalb der biblischen und kirchlichen Lehre."

Der Papst zur Wirklichkeit des Satans: „Wir werden sein unheilvolles Wirken überall dort vermuten können, wo die Leugnung Gottes radikale, scharfe und absurde Formen annimmt, wo die Lüge sich heuchlerisch und mächtig gegen die offenkundige Wahrheit behauptet, wo die Liebe vom kalten, brutalen Egoismus aufgelöst wird, wo der Name Christi mit bewußtem und aufrührerischem Haß bekämpft wird, wo der Geist des Evangeliums ins Reich der Märchen verbannt und verleugnet wird, wo die Verzweiflung das letzte Wort ist ..." (Vgl. hierzu die Zeitschrift „Der Fels" Nr. 2, 1973.)

Tausendjähriges Reich

Unter Christen, die an das Ende der Welt und an die Wiederkunft Christi glauben, gibt es im wesentlichen zwei verschiedene Meinungen über die Phasen der Endzeit.

Die chiliastische, weil vom Tausendjährigen Reich ausgehende **Einordnung der Endzeitheilsereignisse:**
Bevor Christus sein Reich auf dieser Erde aufrichtet, wird die christliche Gemeinde entrückt, das heißt, sie wird in wunderbarer Weise in die himmlische Welt aufgenommen. Dann wird nach schweren irdischen Katastrophen Christus wiederkommen, den Antichrist besiegen, das Gericht über die Heiden sprechen, die satanische Macht binden und das Tausendjährige Reich aufrichten. Am Ende dieses Tausendjährigen Reiches wird dann die satanische Macht noch einmal aufbrechen. Dem folgt dann die endgültige Vernichtung des Satanischen, die Zerstörung der jetzigen Erde und des Himmels, die Schöpfung eines neuen Himmels und einer neuen Erde und die Auferstehung der nach der Entrückung noch zum Glauben Gekommenen zum ewigen Leben, während die Gottesfeindschaft im Gericht Gottes der ewigen Verdammnis verfällt. (So etwa die Folge der Endzeitereignisse auch im Kommentar der Scofield Bibel, die begrüßenswerterweise seit 1972 wieder in deutscher Sprache zu haben ist.)

Die **lutherische** (und damit von mir vertretene, wie übrigens auch von anderen Kirchen, z. B. der anglikanischen, der reformierten, der römisch-katholischen und der orthodoxen Kirche des Ostens) Einordnung der Endzeitereignisse ist diese:
Mit der Wiederkunft Christi, dem Vergehen der alten Welt, kommt sofort die Erschaffung der neuen Erde und des neuen Himmels, ohne daß ein Tausendjähriges Reich dazwischenliegt. Das Tausendjährige Reich, in dem Satan gebunden, aber noch nicht vernichtet ist, bedeutet — so die Beurteilung seit Augustin — die Zeit der christlichen Gemeinde von der Auferstehung bis zur Wiederkunft Christi, in der das Evangelium verkündigt und die Macht des Bösen in Schranken gehalten wird. Der Antichrist baut sich langsam während des Zeitalters der Gemeinde auf, bis er sich vor der Wiederkunft Christi in seiner ganzen Mächtigkeit enthüllen und darstellen wird. Vor der Wiederkunft Christi wird dann noch einmal

die satanische Macht ungehemmt losbrechen. Durch diese endzeitlichen Wehen hindurch wird dann die neue Schöpfung geboren. Christus wird als der Richter über die Lebendigen und die Toten wiederkommen und dann sein Reich aufrichten.

Die unterschiedlichen Auffassungen sollen und können hier nicht weiter ausgeführt werden. Ich habe das einer späteren Untersuchung vorbehalten. Angesichts der vielen und bislang unbeantworteten Fragen sollten Christen auf alle Fälle das Gemeinsame sehen — gerade im Unterschied zu denen, die die Wiederkunft Christi leugnen.
Das Gemeinsame besteht doch darin, daß Christus wiederkommt in Herrlichkeit, daß diese Welt vergeht und wir auf einen neuen Himmel und auf eine neue Erde warten, in welchen Gerechtigkeit wohnt (2.Petr. 3,13). Das Gemeinsame besteht auch darin, daß wir alle darauf gerüstet sind, vor der Wiederkunft Christi der großen Herausforderung der antichristlichen und bösen Macht standhalten zu müssen.

Über die Verfolgung der Christen durch die modernen Revolutionen im 20. Jahrhundert kann hier kein Gesamtüberblick gegeben werden. Bedeutsam ist zweifellos, daß die Christen in der UdSSR immer noch einen schweren Stand haben. Von 600 Kirchen in Moskau vor der Revolution gibt es dort jetzt nur noch 34, die der christlichen Gemeinde zur Verfügung stehen, und in Leningrad von 462 nur 19, in Kiew von 106 nur noch 9.
Einen umfassenden Eindruck von der Lage der Christen in der UdSSR zu bekommen, ist angesichts der riesigen Ausdehnung dieses Landes und der damit zweifellos auch gegebenen Unterschiedlichkeit der Behandlung von Ort zu Ort sehr schwer. „Stern"-Reporter, die 1971 in Rußland waren (vgl. „Stern" Nr. 18, 1971), brachten keine angenehme Botschaft mit. Jugendliche unter 18 Jahren dürfen nach wie vor keinen religiösen Unterricht erhalten, während alle

Über Christen-
verfolgungen

Schulen den Atheismus lehren. In sämtlichen Religionsgemeinschaften müssen alle Trauungen und Taufen registriert werden, sind damit also den Staatsorganen gemeldet.

Westlichen Besuchern wird oft und gern erzählt, daß das Christentum in Rußland dahinsieche, während andererseits der russische Soziologe Arutjunjan unlängst zugeben mußte, daß 21 Prozent der Männer, die in staatlichen Behörden arbeiten, 30 Prozent der Fabrikarbeiter und 47 Prozent der Kolchosenarbeiter zu Hause eine Ikone haben, das heißt eine Ecke des Gebetes und der Andacht, und daß zum Beispiel 36 Prozent der Landarbeiter offen bekennen, daß sie an Gott glauben. Es scheint auch so, daß jetzt eine Art Erweckung durch Rußland geht, die insbesondere von den Evangeliumschristen-Baptisten getragen wird, von denen sich ein großer Teil aus Protest nicht registrieren ließ. Die Zukunft wird folgendes bringen:

Die Feindschaft gegen das Christentum bewirkt, daß die Gemeinde Christi sich erneuert und im Glauben vertieft (aus der Fülle der Literatur zu diesem Bereich sei verwiesen auf das jüngst erschienene Buch von W. Scheffbuch: „Christen unter Hammer und Sichel" 1972).

Um ganz deutlich von allen Kreuzzugsideologien abzurücken, sei vermerkt: die Auseinandersetzung mit dem Antichrist geht durch alle Kulturen und alle Zivilisationen hindurch. Ja, wir können noch weitergehen und sagen: Die Auseinandersetzung mit dem Antichrist geht durch alle Menschenherzen, auch durch die Herzen der Christen, mitten hindurch. Der Antichrist kann weder durch Krieg, Kreuzzug noch durch Manipulation, sondern allein durch den Glauben und dann endgültig durch die Wiederkunft Christi überwunden werden.

4. Kapitel

Was tun?

Mit der Weltrevolution leben?

Auf jede Stunde unseres Glücks fallen die Schatten menschlichen Leides! Die Welt ist beladen mit verfolgten, gequälten, kranken, vor Hunger zugrunde gehenden, in erniedrigender Abhängigkeit lebenden und ausgebeuteten Menschen. Während sich Satte und Reiche in einigen Teilen der Welt mit Messer und Gabel zugrunde richten, an Konsumüberfluß fast ersticken, vegetiert die Mehrheit aller Menschen in Hunger und Armut dahin. Sollte jemand im Ernst annehmen, daß dieser Zustand durch alle Zeiten so hingenommen wird? Ist daran zu zweifeln, daß der Aufstand der Armen gegen die Reichen kommen wird?

Uns Christen bewegt eine andere Frage — oder besser gesagt, die „anderen" haben eine Frage an uns:

S c h w e i g t   G o t t   z u   d i e s e r   U n g e r e c h t i g k e i t ?

Welche Antwort gibt die christliche Gemeinde auf dieses Aufstöhnen gequälter Menschen von heute und gestern? Wir brauchen die Antworten nicht lange zu suchen. Sie liegt in der Bibel bereit; Christus selbst hat sie gegeben:

„Heil euch Armen, denn das Reich Gottes ist euer!"

„Heil euch, die ihr hier hungert, denn ihr sollt satt werden!"

„Heil euch, die ihr hier weint, denn ihr werdet lachen!"

„Wehe euch Reichen, denn ihr habt euren Trost dahin!"

„Wehe euch, die ihr voll seid, denn euch wird hungern!"

„Wehe euch, die ihr hier lacht, denn ihr werdet weinen und heulen!"

Diese Sätze stehen im 6. Kapitel des Lukas-Evangeliums. Was sie voraussagen, ist eine Revolution, ein totaler Umsturz für die Zukunft — anders kann man den Sinn dieser Worte nicht verstehen. Die Rufe Jesu gelten der neuen Ordnung im Reiche Gottes.

In Matthäus 25 offenbart Christus das kommende Gericht, vor dem alle Menschen versammelt werden. Zu etlichen wird er dann sagen:

„Kommt her, ihr Gesegneten meines Vaters, ererbt das Reich, das euch bereitet ist von Anbeginn der Welt! Denn ich bin hungrig gewesen, und ihr habt mich gespeist. Ich bin durstig gewesen, und ihr habt mich getränkt. Ich bin ein Fremdling gewesen, und ihr habt mich beherbergt. Ich bin nackt gewesen, und ihr habt mich bekleidet. Ich bin krank gewesen, und ihr habt mich besucht. Ich bin gefangen gewesen, und ihr seid zu mir gekommen!" (Matth.25,34—36.)

In jedem Menschen, der Ungerechtigkeit erleidet, leidet Christus selbst. Denn so sagt Jesus: „Was ihr getan habt einem unter meinen geringsten Brüdern, das habt ihr mir getan!" (Matth.25,40.) Und umgekehrt gilt dieser Satz: „Was ihr nicht getan habt einem unter diesen Geringsten, das habt ihr mir auch nicht getan" (Matth.25,45).

Diese Worte bedeuten:

Erstens: Der Christ ist aufgerufen zum unbedingten Einsatz im Kampf gegen Armut, Not und Verzweiflung. D e r K a m p f g e g e n N o t , Armut und Elend in jeder Form wird in diesen Aussagen religiös v e r t i e f t a l s D i e n s t a m H e r r n d e r c h r i s t l i c h e n G e m e i n d e , am Herrn dieser Welt.

Zweitens: Christus verkündigt das Gericht über alle Völker. Was wäre die Geschichte der Menschheit ohne d i e s e l e t z t e , u n - b e d i n g t e G e r e c h t i g k e i t ? Wer könnte denen Gerechtigkeit geben, die als Sklaven Unmenschliches erleiden, die als Erniedrigte, Ausgebeutete aller Jahrtausende die Hölle auf Erden erleben mußten, die in Konzentrationslagern und Gefängnissen gequält und getötet wurden? Wie kann es für diese Elenden Gerechtigkeit geben, wenn es nicht die letzte, göttliche Gerechtigkeit gibt? Wie kann es für diese Menschen Erlösung geben, wenn es nicht die letzte göttliche Erlösung in einem kommenden Reiche Gottes gibt? Welches menschliche oder politische Ziel könnte die Leiden, Qualen und Opfer rechtfertigen, die durch die Jahrtausende der Menschheit hindurch gebracht wurden? K e i n R e v o l u t i o n ä r , a u c h w e n n e r w i r k l i c h e i n P a r a d i e s a u f E r d e n s c h a f - f e n w ü r d e , k ö n n t e d i e L e i d e n v e r g a n g e n e r G e - s c h l e c h t e r n a c h t r ä g l i c h e r l ö s e n ! N u r d i e c h r i s t l i c h e R e v o l u t i o n , d e r n e u e H i m m e l u n d d i e n e u e E r d e , k ö n n e n a u c h v e r g a n g e n e O p f e r u n d L e i d e n u n g e z ä h l t e r M e n s c h e n i n d i e E r l ö s u n g f ü h r e n .

Die christliche Revolution, das Reich Gottes, umfaßt die Lebenden und die Toten, die ihrem Herrn Jesus Christus im Glauben oder Schauen verbunden sind. Nur die Zukunft, die der christliche Glaube verheißt, ist Zukunft über die Vergänglichkeit dieser Welt hinaus in die Ewigkeit.

Was aber t u t der Christ für die Zukunft? Er tut alles für ein besseres Leben, für mehr Gerechtigkeit, Liebe, Wahrheit, Barmherzigkeit und Menschenliebe auf dieser Welt! Denn gerade die endzeitlichen Gleichnisse Christi verbinden das stärkste Engagement für die Gegenwart mit der lebendigen Hoffnung für die Zukunft! Das ist nicht Passivität im Sinne einer religiösen Haltung, die Gott einen guten Mann sein läßt und im übrigen die Dinge laufen läßt, wie sie laufen.

Der Christ weiß in seinem Kampf gegen Armut und Ungerechtigkeit, daß der Sieg ihm sicher ist. Er kennt k e i n e E n t t ä u - s c h u n g von Hoffnungen, die auf Menschen, Institutionen oder kurzatmige Zielvorstellungen gesetzt wurden. Der Christ ist gewiß, daß er auch i m V e r l i e r e n d e r S i e g e r b l e i b t, daß auch verlorene Einsätze zu den Geburtswehen einer neuen Welt werden, die Gott bereitet.

Der christliche Glaube stellt deswegen die stärkste Bewegung im Kampf für die Menschlichkeit dar, weil er eine Hoffnung hat, die niemals zuschanden werden kann. Es ist nicht so, daß der Christ die Erde über dem Himmel vergißt. Es ist aber so, daß man heute den Himmel über die Erde vergißt.

In diesem Sinne aber wird Revolution heute nicht verstanden. Die neuen Herren einer neuen Erde wollen die „Emanzipation von Gott"!

Daß der Mensch sein will wie Gott selbst, ist z. B. für den Philosophen Ernst Bloch nicht eine „Sünde", sondern ein Aufruf, um wirklich frei und vollgültig Mensch zu werden. Was Christen „n u r" von Gott erhoffen, das soll der Mensch aus sich selbst verwirklichen, schreibt er in seinem Buch „Atheismus im Christentum" (1968).

Christentum bedeutet für solche Atheisten leidensbereite Demut, die von den Reichen ausgenutzt wurde, um ihre Untertanen besser ausbeuten zu können. In seinem kürzlich erschienenen Buch („Das Materialismusproblem", 1972) spielt Bloch den Materialismus gegen den Gottvater aus: Der von Gott befreite Mensch soll die Materie, „die Mutter" Natur, erlösen, der Mensch selbst soll die neue Erde und den neuen Himmel schaffen. Der Traum von der Zukunft wird zum Traum von der Freiheit des gottlosen Menschen. Für die Christen kommt die Abrechnung — zunächst einmal aber die Anklage:

Die Christen hemmen den Fortschritt, der Glaube an Gott versperrt die Zukunft. Unter dem Vatergott kann der Mensch nur Sklave bleiben, und Gott muß getötet werden, wenn der Mensch eine Zukunft haben soll.

Der Vaterhaß geht durch unsere Zeit! Nichts ist bezeichnender für unsere Gegenwart als dieser Vaterhaß. Das Generationsproblem unserer Tage zeigt doch diese Lage: Söhne rebellieren gegen ihre Väter, die selbst Gott als den Vater in ihrem Herzen verloren oder getötet haben. Der Aufstand unserer jungen Generation, der zweifellos unsere Zukunft prägen wird, ist ein Aufstand gegen Väter, die keine Väter mehr sind, weil sie den Auftrag Gottes, Vater zu sein, zurückgegeben haben. Sie haben ihn zurückgegeben, weil sie nicht mehr an den Vater im Himmel glauben.

Die Konsequenz ist Anarchie. Anarchie im tiefsten Sinne des Wortes bedeutet: Aufstand gegen den Ursprung, Aufstand gegen Gott. In den letzten fünf Jahren sind allein in der englisch sprechenden Welt 6000 Bücher erschienen, die das Thema „Aggression" zum Gegenstand haben. Die Anarchie, der Aufstand gegen den Ursprung, wird begleitet von einem Haß gegen Gott, der aus dem Hader mit Gott entsprungen ist — und der nun auch auf den Mitmenschen übertragen wird: Aggression gegen Gott, gegen den Mitmenschen — und gegen sich selbst. In Frankreich gibt es hunderttausend alte und junge Leute, die mit Anarchisten sympathisieren. In Deutschland erlebten wir unlängst Terrorbewegungen, die ernstlich anfingen, unsere Lebensordnung zu bedrohen.

Wenn man diese Anarchisten fragt, wie sie sich die Zukunft vorstellen, sind die Antworten unbestimmt und nebelhaft. Ist der Motor ihrer Handlungen wirklich die Liebe zu einer neuen Welt mit mehr Menschlichkeit, oder nur der Haß gegen alles, was Gott, Vater und Autorität heißt?

Im spanischen Bürgerkrieg während der dreißiger Jahre kam es oft vor, daß Rotspanier an Kirchenkapellen oder Christusfiguren ein Plakat mit der Aufschrift befestigten: „Wenn du lebtest, wärest du mit uns."

Auf welcher Seite steht Christus im Kampf für eine neue Zukunft? Wenn wir diese Frage stellen, können wir allerdings nicht sagen: „Wenn du lebtest"; denn der Christ weiß ja, daß Christus lebt, weil er auferstanden ist von den Toten. Die Frage kann also nur lauten: Auf welcher Seite steht der lebendige Christus im Kampf für eine neue, menschenwürdige Zukunft?

Wir wollen diese Frage zunächst dahingehend beantworten, daß wir uns einmal die Frage stellen, wo der Christ sicherlich n i c h t steht. Er steht nicht auf der Seite jener, die um des persönlichen Vorteiles willen überkommene Zustände verteidigen, wenn sie ungerecht sind. Keiner kann sich auf Christus berufen, der Ungerechtigkeit, Gewalt und Ausbeutung praktiziert.

Gott ist ein Gott der Gerechtigkeit. Es geht um diese Gerechtigkeit Gottes in seinen Ordnungen. Daran, nicht an politische Systeme bestimmter Prägung, sind Christen gebunden.

Christen sind orthodox, sie sind rechtgläubig — aber Christen sind nicht reaktionär. Sie verteidigen kein vergangenes System des Systems wegen — sie stürzen sich auch nicht in die Zukunft um einer Ideologie willen. Über allen Systemen und Ideologien steht für sie der Gott der Gerechtigkeit, steht der Christus der Barmherzigkeit, dem sie im Geiste der Gerechtigkeit und in der Wahrheit dienen.

Christen sagen nein zu Ideologie und Reaktion. Christen sagen j a z u r M i t a r b e i t mit allen, die guten Willens sind, wenn es um das Wohl des Menschen geht. Sie sagen zur Zusammenarbeit auch dann ja, wenn dieser Wille in Weltanschauung oder Parteidoktrinen eingekleidet ist. C h r i s t e n f r a g e n g a n z e i n f a c h : W a s w i r d j e t z t p r a k t i s c h f ü r d e n M e n s c h e n g e t a n , was springt für ihn, für die Armen, die Kranken, die Verfolgten, die Elenden dabei heraus? Und Christen stehen auf der Seite derer, die den Armen helfen.

Der Christ wird fragen: Was wird getan für die Gerechtigkeit, für die Befreiung der Umwelt von ihrer Zerstörung und Vergiftung, was wird getan, um den Menschen vor dem Chaos zu bewahren, jetzt, heute und morgen? Christen leben mit der permanenten Revolution all derer, die guten Willens für den Menschen sind! Soweit es dabei um den Menschen geht und um seine Gerechtigkeit, werden sie mitarbeiten, wenn es um die Anbetung des Menschen durch den Menschen geht, dann werden sie Märtyrer werden.

Christen – nur Jenseitsfanatiker?

Im März 1972 fand in der Hauptkirche St. Nicolai zu Hamburg eine kirchliche Woche statt. An jedem Abend folgte der Evangelisation in der Kirche eine Aussprache, die sich in gleicher Weise durch Dramatik und Fairness auszeichnete. Ich denke an diese Woche gern zurück. Unvergeßlich aber blieb mir der „Diskussionsbeitrag" eines ernsthaft fragenden älteren Menschen. Er brachte ein Beispiel aus der eigenen Lebenserfahrung:

In den Jahren vor dem letzten Weltkrieg erkrankte in einer frommen Familie ein Kind lebensgefährlich an Diphtherie. Eines Tages schien die Lage für das Leben des Kindes hoffnungslos, und die Mutter wollte das Kind auf den Tod vorbereiten. Sie sagte sinngemäß, daß nach dem Tod das Leben nicht aufhört, sondern daß die Seele in den Himmel käme und dann bei Gott und bei Christus sein würde. Darauf antwortete das Kind — nachdem es sich alles zunächst schweigend angehört hatte —: „Ich will aber nicht in den Himmel, Mutter, ich will bei dir bleiben!"

Diese wahre Geschichte wurde im Sinne einer Anklage vorgebracht: Was ist der Himmel, was ist das Jenseits im Vergleich zu diesem Leben schon anders als eine blasse Abstraktion? Wer will denn eigentlich schon gern in den Himmel hinein? Wer würde nicht lieber auch unter Opfern und Schmerzen auf dieser Erde bleiben? Der Himmel ist doch nur ein schwacher Ersatz für das Leben, das eben hier nicht gelebt wurde.

Weil man mit dem Himmel nichts anfangen kann, fragt man um so nachhaltiger: Ist diese E r d e n i c h t w i c h t i g e r a l s d e r H i m m e l ? Sollten wir nicht alles tun, um hier auf dieser Erde ein glückliches und menschenfreundliches Leben auszubauen, statt uns für ein verpaßtes Diesseits mit den Versprechungen für ein vages Jenseits trösten zu lassen?

Das ist die allgemeine Kritik der Fortschrittlichen am christlichen Glauben: Der Glaube an ein Jenseits hindert die Christen daran, hier auf dieser Erde wirklich ernsthaft mitzuarbeiten. „Irgendwie" sind sie doch falsche Brüder, sehen ihre Heimat im Jenseits und sind nicht ganz dabei, wenn es um die Probleme dieser Welt geht.

Ist diese Anklage berechtigt?

Vergißt oder übersieht der Christ die Gegenwart, weil er angeblich alle Tröstungen und Hoffnungen auf den Himmel setzt und weil die Erde für ihn nur ein Jammertal bleibt?

In 2.Kor.5,17 schreibt der Apostel Paulus: „Darum, ist jemand in Christo, so ist er eine neue Kreatur; das Alte ist vergangen, siehe, es ist alles neu geworden."

Das sieht nicht nach Passivität oder bloßer Duldermentalität im Jammertal-Warteraum für ein Jenseits aus!

Hier ist doch davon die Rede, daß das Neue schon geworden ist. Hier ist doch die Rede von einer neuen Kreatur, von einer neuen Schöpfung und Wirklichkeit.

Wo sehen wir dieses Neue? Wir sehen es in der Auferstehung Christi: Hier ist Sieg, hier ist Neuanfang und Überwindung, hier ist der Anfang des neuen Lebens.

Wenn der Apostel Paulus (Gal.2,20) schreibt: „Ich lebe, doch nun nicht ich als ich, sondern Christus in mir", dann meint er damit, daß durch die Kraft der Auferstehung das Reich Gottes schon jetzt in uns lebendig ist.

Wir stellen die Gegenfrage an jene, die für sich den Himmel abgeschafft haben: Wer will wirklich von den modernen Problemen wie Umweltverschmutzung, Zunahme der Kriminalität, Rauschgiftsucht, Städtechaos, Bildungsnotstand, Generationsproblem usw. etwas wissen? Ist das alles nicht doch nur das Problem von fünf Prozent unserer Bevölkerung, während die anderen 95 Prozent sich mit ganz anderen Dingen beschäftigen? Wer stellt sich denn heute wirklich den Problemen und Herausforderungen von morgen? Ist es nicht umgekehrt so, daß man vor der Zukunft ausweicht und in die V e r g a n g e n h e i t f l ü c h t e t , w e i l m a n v o r d e r Z u - k u n f t A n g s t h a t ?

Wenn Christus sagt: „Wer seine Hand an den Pflug legt und sieht zurück, ist nicht geschickt zum Reiche Gottes" (Luk.9,62), dann ist heute keiner von denen „geschickt", die wie Lots Frau sich in die Vergangenheit zurückträumen wie in ein verlorenes Paradies und dabei, wenn auch nicht zur Salzsäule, so doch zur lähmenden Unbeweglichkeit für die nächsten Schritte erstarren und die Gestaltung der Zukunft einer Handvoll Technokraten und Berufsideologen überlassen.

Heute träumt man sich zurück in die Vergangenheit — das tun beileibe nicht die Christen, sondern jene, die Angst vor der Zukunft haben, weil sie das Vertrauen in den Gott, dem die Zukunft gehört, verloren haben. Alte Filmstars erleben gigantische Neuauflagen. Warum? Weil alte Stars an alte Zeiten erinnern! Man kauft alte Möbel. Trödlermärkte und Antiquitätengeschäfte haben reißenden Umsatz. Warum? Weil alte Sachen an gute alte Zeiten erinnern. Es ist die Zeit der Oldtimer: alles wird „auf alt gemacht". Es gibt schon eine Industrie, die sich damit beschäftigt, in unserer modernen Welt die Z e i t v o n g e s t e r n a l s K u l i s s e aufzurichten.

Diese Flucht in die Vergangenheit ist schon so charakteristisch und allgemein, daß man für sie einen Namen gefunden hat: Nostalgie. Mit Nostalgie ist die krankhafte Zuwendung zur Vergangenheit gemeint. Nostalgie ist die Krankheit unserer Gegenwart, die keine Zukunft mehr haben will.

Heute wird rückwärts geträumt, während eine kleine politisch-ideologische und technokratische Minderheit den babylonischen Turm in die Zukunft baut. Die Masse Mensch lebt jenseits der Probleme, sie betreibt nun wirklich Jenseitsfanatismus, Flucht vor der Wirklichkeit, die auf uns zukommt.

Wir halten fest: Nicht die Christen sind Jenseitsfanatiker, sondern die Millionenschar jener, die zu schwach, seelisch zu sehr im Ausverkauf ist, um der Zukunft ins Auge zu schauen.

Ob wir nun aber an die Zukunft denken oder ob wir nicht daran denken: Die Zukunft kommt! Vielleicht hat schon manch einer vor einem sogenannten Autofriedhof gestanden, jenen Halden von mehr oder weniger abgewrackten oder vom Zahn der Zeit zernagten Karosserien. Man kann dort auch manchen Luxuswagen sehen und braucht nicht viel Phantasie zu haben, um sich vorzustellen, mit welchem Glanz einmal die Geschichte eines solchen Autos anfing, die da vor unseren Blicken im Rost endet.

Ist es eigentlich mit dem Menschenleben anders? Nagt die Zukunft nicht auch mit diesem Zahn der Zeit an unserem Leben? Man mag es wissen wollen oder nicht: D i e Z u k u n f t z e r r e i b t u n d z e r s t ö r t — Z u k u n f t b a u t a b. Auch wir werden ein Wrack — auch wir kommen auf den Friedhof — auch wir werden einmal irgendwo hingestellt, wenn wir alt geworden sind. Wir können nur gerettet werden durch eine Kraft, die dem Zerfall entgegenwirkt. Diese Kraft ist der auferstandene Christus in uns: „Christus in mir", sagt der Apostel Paulus. Er meint damit auch: die Kraft, die die Zukunft als Todesmacht überwindet. Mag da auch der äußerliche Mensch vergehen, mag unser Leib altern und sterben.

Wir sind kein Auto, wir sind lebendige Seelen. Ein Auto kann sich nicht für die Ewigkeit entscheiden. Wir können es, weil wir schon jetzt „leben". Heute muß der Tod überwunden werden. Glaube an die Ewigkeit ist nicht passiver Jenseitsfanatismus, sondern Dynamik für das Hier und Jetzt, weil nur so die Z u k u n f t a l s T o d e s - m a c h t u n d V e r g ä n g l i c h k e i t s m a c h t ü b e r w u n d e n w i r d. Der Glaube an die Auferstehung bedeutet doch die Auferstehung zu einem neuen Leben schon auf dieser Welt.

In seinem Buch „Tisch in der Wüste" (1968) sagt der bekannte chinesische Christ Watchman Nee: „Nur, die vieles durchgemacht und Gott erlebt haben", sind reich vor Gott. Damit ist gemeint, daß nur d e r Mensch als Christ leben kann, der durch alles, was es in dieser Welt an Einsatz, Mühsal, Opfer, Liebe und Enttäuschungen gibt, hindurchgegangen ist. Christentum kann nicht aus einer Zuschauermentalität gelebt werden. N u r w e r g e k ä m p f t h a t, k a n n s i e g e n. N u r w e r i n d i e s e m K a m p f g e l i t t e n h a t, k a n n g e t r ö s t e t w e r d e n. N u r w e r a u f d i e s e r E r d e s c h o n Z i e l e k a n n t e, w e i ß u m d a s l e t z t e Z i e l, n u r w e r G o t t h i e r s c h o n s u c h t e, w i r d i h n f ü r d i e E w i g k e i t f i n d e n.

Das ist kein Jenseitsfanatismus, das ist Engagement für diese Welt, das ist die Kraft aus der Hoffnung, die der Zukunft Gottes lebt.

Information: Revolutionsbereitschaft, Orthodoxie und Orthopraxie

Bringt die Zukunft die R e v o l u t i o n f ü r d i e B u n d e s r e p u b l i k ? Eine Umfrage des Instituts für Demoskopie Allensbach im vorigen Jahr zeigt, daß die Stimmung unter der Bevölkerung für den Klassenkampf wächst. 28 Prozent der Bevölkerung in der Bundesrepublik Deutschland bejahen den Klassenkampf.

Klassenkampfstimmung wächst

Es ist auch unübersehbar, daß eine Art Klassenkampfstimmung durch eine ständig wachsende Zahl von Publikationsorganen angeheizt wird. Da gibt es ein reiches Schrifttum schon für Kinder, das klassenkämpferische Tendenzen hat: Zum Beispiel „Fünf Finger sind eine Faust" und das „Kinderbuch für kommende Revolutionäre", die den Sinn für revolutionäre Taten wecken und Ordnungsgefüge unserer Gesellschaft fragwürdig machen sollen.

Von Gott gegebene Ordnungen werden in Frage gestellt

Daß Kinder und Jugendliche immer mehr das Vertrauen in die gegenwärtige Ordnungswelt verlieren, ist klar. Sie werden aber dabei nicht nur zur berechtigten Kritik aufgerufen, sondern von Gott gegebene Ordnungen werden als solche, nicht nur wegen ihrer Verkümmerung oder Entartung, in Frage gestellt.

Bedenklich erscheinen mir auch die Rahmenrichtlinien im Bundesland Hessen für die Fächer Deutsch, Geschichte und Gesellschaftslehre. Sie sollen den Schüler auch dazu anleiten, die familiäre Erziehung distanziert zu beurteilen, wobei Fragen (unter Mitarbeit der Schüler natürlich) untersucht werden sollen, wer in der Familie dominiert, wie die Eltern sich untereinander verhalten, wie sich der Arbeitsplatz auf das Familienleben auswirkt usw.

Können solche Lehrpläne nicht insofern zur Atomisierung und völligen Orientierungslosigkeit unserer Gesellschaft beitragen, als sie zwar Anleitung zur Kritik geben, aber in keiner Weise solche Werte darstellen, die allein den Sinn des Lebens ausfüllen

Kritik aus Liebe

können? — Christen werden eine kritische Haltung gegenüber der Gesellschaft fördern. Der Christ steht nämlich grundsätzlich der Welt kritisch gegenüber, und der Christ weiß, wie Reichtum, Sattheit und Machtgier als Zeichen abgründiger Sündenverfallenheit die Humanität zugrunde richten. Aber der Christ unterscheidet scharf zwischen dem Kampf aus Liebe um den Menschen, um der Gerechtigkeit und der Freiheit willen und zwischen dem Kampf aus Neid, Freude am Zerstören und Machtgier von Fraktionsgruppen. Der Christ weiß aber auch, daß wir nur dann überleben können, wenn wir die Kräfte der Aussöhnung, der Geduld und des Opfersinnes lebendig erhalten. Aber wo werden diese Tugenden heute gelebt und vorgestellt?

Auf einer Friedenskonferenz aller Kirchen und Religionsgemeinschaften der Sowjetunion 1969 im ehrwürdigen Kloster Sagorsk erklärte in der Eröffnungsrede der Metropolit von Leningrad, Nikodim, daß die

O k t o b e r r e v o l u t i o n von 1917 ein erfrischendes Gewitter des göttlichen Gerichtes gewesen sei und daß in der Welt des Kommunismus die Ideale verwirklicht werden, die durch Christus in die Welt gekommen seien, und daß die Abschaffung des Privateigentums eine Quelle der Leiden beseitigt habe.

Während die (allerdings von diesem kaum erwiderte) Liebe zum Kommunismus für viele Christen immer bedeutungsvoller wird, wird der Gedanke des „christlichen Abendlandes" gleichzeitig immer fragwürdiger gemacht. Schon im August 1947 erklärte der Bruderrat der Bekennenden Kirche: „Nicht die Parole Christentum und abendländische Kultur, sondern Umkehr zu Gott und Hinkehr zum Nächsten in der Kraft des Todes und der Auferstehung Jesu Christi ist das, was unserem Volk und inmitten unseres Volkes vor allem uns Christen selbst not tut." — Dazu sei gesagt: Die gegenwärtige Wirklichkeit Europas im Glaubens- und Sittenzerfall gibt uns allerdings kaum noch das Recht, von einem christlichen Abendland zu sprechen. Die antichristlichen Mächte leben sich hier fast so brutal aus wie überall sonst auf der Welt. Christen verteidigen heute kein „christliches Abendland" mehr, weil es das einfach kaum oder gar nicht mehr gibt.

Heute noch „christliches Abendland"?

Wie sehr der einzelne Christ mit mehr oder weniger Recht auch seiner Nation, Kultur- oder Gesellschaftsordnung verhaftet sein mag, die Gemeinde Christi steht über allen Ordnungen, und so sicher auch Revolutionen Gerichte Gottes sind (darin hat Nikodim recht), so wenig dürfen wir uns, wenn wir aus alten Gesellschaftsformen und Traditionen auszuziehen, neuen Ideologien verschreiben!

W i e d e r k u n f t   C h r i s t i   h e i ß t   n i c h t ,   d a ß s i c h   d i e   M e n s c h h e i t   m i t s a m t   d e m   K o s - m o s   z u r   G o t t e s h e r r l i c h k e i t   e m p o r - s c h w i n g t ! Kirchliches Denken wird heute immer mehr vom Ungeist eines pseudoreligiös aufgeladenen Weltverbesserungswahns erfaßt.

Dualismus und Weltverbesserungswahn

Auf der Weltmissionskonferenz in Bangkok 1973 forderte der indische Theologe M. M. Thomas: „Kulturelle Kreativität" und „soziale Befreiung" als vornehmlichste Aufgaben der Kirche, um die indische Gesellschaftsordnung zu verwandeln, und auf der Versammlung der Ökumene in Utrecht 1972 ging es darum, Gleichheit der Menschen vor Gott dadurch wirksam zum Ausdruck zu bringen, daß soziale und rassische Gegensätze abgebaut werden. Die These dahinter: Der Mensch revolutioniert den Menschen, weil er mündig ist.

Das Heil der Welt (These der Weltmissionskonferenz von Bangkok) soll nicht nur „seelisches Heil", sondern politisches Heil als Veränderung der Welt bringen. Verurteilt wird der abendländisch-christliche Dualismus, der zwischen Gott und Welt, Himmel und Erde in dem Sinne scheidet, daß christliche Erlösung mit dieser Welt nichts zu tun habe, sich ausschließlich auf die Seele, gleichsam auf die Eintrittskarte zum Jenseits beschränke. Dazu meine ich: Christlicher Dualismus begann, als man Gott aus der Welt wegdachte, seine Freiheit leugnete, die Wunder und Heilstaten als Märchen vom Tisch fegte und schließlich das Gebet als sinnlos beurteilte. Die Konsequenz des Dualismus ist doch diese: Der mündige Mensch steht allein in der Welt, auf der Gott nichts mehr zu sagen hat. Dieser Dualismus sollte überwunden werden! Erst im Glauben den Dualismus überwinden und dann von der Überwindung des Dualismus im Handeln der Christen reden!

Erst Orthodoxie, dann Orthopraxie! Also: Zuerst die rechte Anbetung und Verherrlichung Gottes — dann ein Handeln, das aus der Kraft dieses Glaubens erwächst. Das bedeutet: Wo wir uns als Christen versammeln, sind wir erst orthodox und dann orthopraktisch! Das ist unser Weg in die Zukunft mit dem Christuswort: „Trachtet zuerst nach dem Reich Gottes!" (Matth.6,33.) Wohlgemerkt: Für die Zukunft arbeiten wir mit allen Menschen zusammen, die guten Willens sind, gleich welcher Religion oder Ideologie. Aber für die Zukunft ändern wir nicht unseren Glauben an den Gott, dem die Zukunft gehört!

5. Kapitel

Am Ende nur langweilige Ewigkeit?

Wie man heute stirbt

Einmal muß sich jeder Mensch darüber klar werden, daß er sterben wird. Eine bittere, harte Wahrheit — meint der gesellschaftskritische Schriftsteller Max Frisch in seinem 1971 erschienenen zweibändigen Tagebuch.

Wer alt wird — und das beginnt nach Max Frisch mit fünfzig Jahren —, ist schon ein vom beginnenden Zerfall „Gezeichneter". Doch auch mit vierzig Jahren weiß man, daß der Höhepunkt des Lebens überschritten ist, daß die biologische Kraft ihren Gipfelpunkt erreicht hat, daß die beruflichen Erfolgschancen sich kaum noch steigern lassen. Deswegen nennt Max Frisch die Vierziger: die vom Tode „Vorgezeichneten".

Alt werden und s t e r b e n i s t i m U r t e i l d e s m o d e r n e n u n d g o t t f e r n e n M e n s c h e n f u r c h t b a r. Albert Camus, neben Jean Paul Sartre der bedeutendste französische Schriftsteller des Existentialismus, nennt den Tod einen Mörder, gegen den man revoltieren muß — allerdings eine ausweglose Revolution, denn der Tod siegt dennoch!

Es ist ein unheimlich d ü s t e r e s B i l d, das Max Frisch in seinem Tagebuch v o m A l t e r n entwirft: Die Möglichkeit unentrinnbarer Krebserkrankung wächst. Arteriosklerose lähmt das Leben. Die körperliche und geistige Hilflosigkeit schafft Abhängigkeit von fremden Menschen. Man wird abgeschoben, anderen eine harte Last: Leben im Alter wird zum überflüssigen Leben.

Wenn eine Gesellschaft nur Jugend, Vitalität und Leistungsprotzigkeit verehrt, dann wird Alter zu einer häßlichen und verabscheuungswürdigen Angelegenheit. A l t s e i n w i r d z u r O b s z ö n i t ä t — das heißt: Alt sein ist unanständig geworden. Die früher in einfach allen Kulturen dem Alter entgegengebrachte Ehrfurcht stirbt aus: E s w i r d s c h w e r e r, h e u t e a l t z u s e i n, als zu irgendeiner anderen Zeit in der Geschichte der Menschheit.

Angesichts dieser katastrophalen Zukunft im persönlichen Leben des einzelnen sieht Max Frisch nur zwei Möglichkeiten: Resignation oder Selbstmord. — Das ist allerdings eine totale Bankrotterklärung des modernen, Gott entfremdeten Menschen gegenüber Tod und Leben; denn unser Leben i s t ein Leben auf dem Weg zum Tod. W e n n w i r d e r Z u k u n f t „T o d" n i c h t s t a n d h a l - t e n, d a n n k ö n n e n w i r a u c h m i t d e r Z u k u n f t u n - s e r e r G e s e l l s c h a f t n i c h t „f e r t i g" w e r d e n.

Auch Christen müssen den „Tod" überwinden, auch sie müssen sich mit dieser Zukunft auseinandersetzen — und das ist nicht ein- fach, es fordert die letzte Bewährung unseres Lebens.

Der christliche Dichter George Bernanos (Verfasser von „Unter der Sonne Satans", „Tagebuch eines Landpfarrers", „Die begnadete Angst" u. a.) gibt zu, daß er vor der Macht von Tod und Alter zunächst während einer ganzen Phase seines Lebens furchtbar erschrocken gewesen ist. 1928 klagte er: „Das Alter bringt ... gar keinen Frie- den, sondern einzig eine grausame Hellsicht, Abglanz der Hölle ... Ich weiß nicht, wieviele Teufel mich heimsuchen, aber sie werden mir keine Ruhe lassen, und Schaum wird mir vor dem Munde stehen, wenn der Tod mich ihren Händen entreißt." Und schon 1905, als ganz junger Mensch, schrieb er an einen Pfarrer: „Die geringste Un- päßlichkeit erscheint mir als das Vorspiel jener letzten Krankheit, vor der ich so Angst habe. Und dann erfaßt mich unbesiegbare Schwermut ... Als ich noch ganz klein war und an diese Dinge dachte, sagte ich mir, das Leben sei lang, und wenn man es mit allen möglichen Abenteuern, mit Ruhm, Ansehen oder Macht ausfülle, könne man so glücklich werden, daß ein bißchen Leiden am Schluß sich wohl lohnt ... aber ich habe meine Meinung gründlich ge- ändert."

In diesen Sätzen spricht sich eine Erkenntnis und eine Erfahrung aus, die unüberbietbar ist: Als Christ weiß Bernanos u m d a s T e u f l i s c h e i n d e r M a c h t d e s T o d e s. D e r T o d i s t n ä m l i c h n i c h t e i n e „n a t ü r l i c h e A n g e l e g e n - h e i t", der Tod ist vielmehr eine gottfeindliche Macht. Der Tod ist der Sünde Sold. Auch die Furcht vor dem Tod (so lesen wir in Hebräer 2,15) macht aus uns in unserem ganzen Leben „Knechte".

Der Tod ist die große Wand, das Ende, an dem all unsere Hoffnungen, Wünsche und Pläne zerbrechen. Im Tod wird offenbar, daß wir vom Ewigen, von Gott getrennt sind. Je mehr ein Mensch Hunger nach Leben, Sinn und Glück hat, um so unfaßbarer und quälender wird für ihn der Tod. Nur die Resignierten, am Leben schon Zerbrochenen, die als Lebende schon innerlich erstorben sind, stehen dem Tod gleichgültig gegenüber, weil sie auch dem Leben gleichgültig gegenüberstehen. Sartre meint allerdings das Gegenteil. In seinen Lebenserinnerungen „Die Wörter" (1968) schreibt er: „Ich wehre mich aus Leibeskräften gegen den Tod; nicht etwa, weil mir meine Existenz teuer gewesen wäre, sondern im Gegenteil, weil mir an ihr nichts lag; je absurder das Leben, um so weniger erträglich der Tod."

Aber diese Behauptung widerspricht nur scheinbar meiner These: Ich verstehe diese Sätze von Jean Paul Sartre so: Ein absurdes Leben hofft darauf, daß es doch noch einen Sinn bekommen kann, und gerade deswegen muß der Tod — der das verhindert — als eine Katastrophe empfunden werden.

1945 schrieb Bernanos in einem Artikel während seines langjährigen Aufenthaltes in Brasilien, daß es das Los des Menschen sei, mit dem Bewußtsein zu sterben, daß er seine Lebensaufgabe nicht erfüllt habe. Das Sterben — so meint Bernanos — bringe tiefste Zerrissenheit und Seelenqual, „ehe man die Schwelle überschreitet und im milden Mitleid Gottes wie in einer frischen, tiefen Morgenkühle erwacht".

Ich habe oft selbst erlebt, wie Sterbende diesen vom Dichter dargestellten Weg gegangen sind. Auf eine Zeit des Haderns mit sich selbst und mit dem Mitmenschen, des ohnmächtigen Zorns und der Auflehnung und dann der abgrundtiefen Depression kann plötzlich der Friede einbrechen, das Gesicht des Sterbenden verzaubern und verklären, so daß dann unmittelbar vor dem Sterben nur noch Friede waltet.

Der Tod muß besiegt werden, denn der Tod ist eine gottfeindliche Macht. „Der Tod ist verschlungen in den Sieg", schreibt der Apostel Paulus (1.Kor.15,55). Christus hat dem Tod die Macht genommen; er hat die Qual des Todes getragen; er hat sie für uns weggelitten, und in seiner Auferstehung hat er den Tod überwunden.

Tod ist also für den Christen die Begegnung mit dem wiederkommenden Christus. Wer stirbt, bevor Christus am Ende der Zeiten wiederkommt, der wird eben vor dem Ende der Welt bei ihm sein und in seinem persönlichen Geschick seine Wiederkunft erfahren. Seine Seele wird — so die Aussage der Bibel — bei Christus sein, bis der neue Himmel und die neue Erde geschaffen werden. „Noch heute wirst du mit mir im Paradiese sein", sagt Christus zum Schächer am Kreuz (Luk.23,43). Und im Philipperbrief spricht der Apostel Paulus davon, daß er Lust hätte, sein Leben zu beenden, um bei Christus zu sein, daß er aber um der Gemeinde und seines Auftrages willen auf dieser Erde bleibt (Phil.1,23.24).

Diese und viele anderen Aussagen in der Bibel (z. B. die Geschichte vom reichen Mann und armen Lazarus, Luk.16,19ff.) bezeugen eindeutig, daß die Seele des gläubigen Menschen durch den Tod hindurch in das ewige Leben eingeht.

In seiner Biographie über George Bernanos schreibt Albert Beguin: („Bernanos in Selbstzeugnissen und Bilddokumenten" 1958, S. 40): Er wußte auch, „das der am tiefsten verletzte und vom Leid geprägte Mensch auch die besten Voraussetzungen mitbringt, dem Tod die Stirn zu bieten".

Wer als Christ leidet, leidet mit Christus — wissend, daß Christus sein eigenes Leid mitträgt und zur Erlösung führt. Wer stirbt, weiß, daß sein Tod von Christus mitgestorben wird und daß die Auferstehung Christi seine eigene Auferstehung sein wird.

Das Geschick der Welt wiederholt sich im Geschick des einzelnen Menschen. Die Welt wird durch ihr Ende in der Wiederkunft Christi zu einem neuen Himmel und einer neuen Erde verwandelt werden. Der gläubige Christ wird in seinem Tod, also am Ende seines eigenen Lebens, die Wiederkunft Christi erleben und in sein ewiges Reich hinein verwandelt werden.

Am Ende der Zeit, wenn alles Irdische gerichtet und wie durch Feuer hindurch verwandelt wird, wird sich die Seele des gläubigen Menschen mit einem neuen Leib, dem Leib der Auferstehung, vereinigen: „Wir aber wissen, wenn unser irdisch Haus, diese Hütte, zerbrochen wird, so haben wir einen Bau, von Gott erbaut, ein Haus, nicht mit Händen gemacht, das ewig ist im Himmel" (2.Kor.5,1); denn „es wird gesät ein natürlicher Leib und wird auferstehen ein geistlicher Leib" (1.Kor.15,44).

Aber wer glaubt heute daran, daß die Zukunft die Ankunft Gottes ist? Wer hat die Gewißheit, daß das Ende des alten der Anfang des neuen Menschen ist? Die Worte Tod und Sterben werden doch heute ängstlich vermieden. Genausowenig wie man bereit ist, das Ende der Welt zu bedenken, genausowenig will man — im Blick auf das Einzelschicksal — die Wirklichkeit des Todes hinnehmen. Der Tod wird verdrängt bis zuletzt, er wird noch auf dem Krankenlager hinweggelogen.

Wo gibt es heute noch ein bewußtes Sterben?

Wie wird ein Sterbenskranker bis zuletzt belogen und mit Illusionen getröstet! Krankenhauspsychologen haben heute längst erkannt, daß viele Ärzte und Schwestern eine Art Taktik entwickelt haben, um den Patienten von der Tödlichkeit seiner Krankheit abzulenken, um so etwas wie einen raffinierten Kurs zwischen „Ernst der Lage" und „doch noch Hoffnung" einzuschlagen. Man bewahrt Abstand von dem Problem Tod und vor dem Sterbenden selbst.

Wer kann im Leben dem Tod ins Auge sehen, den Tod überwinden, ja sich gerade durch die Auseinandersetzung mit dem Tod den Sinn des Lebens geben lassen und die frohe Botschaft der Ewigkeit hören? Um den Sterbenden liegt irgendwie eine Art „Bannmeile der Obszönität". Wer heute in den „Sterbeverdacht" gerät, wird von den Angehörigen möglichst schnell in ein Krankenhaus gebracht oder in ein Pflegeheim abgeschoben. Dort bleibt dann der Sterbende ohne jegliche Sterbehilfe. Er muß zumeist einsam sterben — zwar unter der Kontrolle der Mediziner und Schwestern, zwar mit schmerzstillenden und bewußtseinsdämpfenden Mitteln, aber ohne den Beistand der Mitmenschlichkeit. Man stirbt „abgeschoben".

Später kommentiert der Arzt, der gar nicht dabei war: „Ruhig eingeschlafen." In Krankenhäusern kann der Pfarrer von Schwestern und der Ärzteschaft immer wieder hören, daß selbst Angehörige den Sterbenden meiden, die Besuchszeiten gar nicht ausnutzen, weil sie eben Angst haben, Zeuge eines Sterbens werden zu müssen, auf das sie überhaupt nicht „eingestellt" sind.

Und wenn es dann „passiert ist", wird dem Toten eine Laufkarte am Zeh befestigt. Heimlich wird das Bett aus dem Krankenzimmer über den Flur in den Fahrstuhl geschoben. In der gekachelten Totenaufbewahrungshalle wird der Leichnam in ein Kühlfach eingelegt, bis der nächste Dienstleistungsbetrieb, das Beerdigungsinstitut, den „weiteren Vorgang" — möglichst „diskret" und mit beruflicher Routine — abwickelt.

Es gibt heute viele Möglichkeiten, das Sterben medikamentös zu überspielen. Spezialkliniken haben sich heute in einigen Großstädten auf den Tod „eingestellt": Der Sterbende wird durch wohldosiert dargereichte Rauschgiftmittel über den Schatten des Todes hinweggebracht. Das Bewußtsein, sterben zu müssen, wird „ausgeschaltet". Aber ganz abgesehen von diesen extremen Fällen: Auch unsere allgemeinen Krankenhäuser sind zum guten Teil auch Sterbefabriken, in denen der Mensch verendet — aber nicht stirbt. Der Tod soll betrogen werden — man endet in der Lüge.

Sinn des Altwerdens ist nicht, das Altern zu verdrängen, so wie der Sinn des Sterbens nicht sein kann, den Tod wegzulügen. D e r Christ sieht im Altern wie im Sterben Zeichen eines neuen Lebens. Mit dem Altern wächst für ihn die Gelassenheit und damit auch die Freiheit gegenüber der Welt. Was dann passiert, ist merkwürdig: Das Leben wird nicht „jämmerlicher", sondern es wird (wie ein Herbst) leuchtender, weil es entkrampfter gelebt wird. Das Altern ist eine Segenszeit, eine Reife des Lebens, auf die nicht nur der einzelne für sich selbst, auf die nicht einmal eine ganze Kultur verzichten kann, wenn sie nicht vollends aus dem Gleichgewicht geraten soll. Vor dem Altern und vor dem Sterben hat der keine Angst, der darum weiß, daß jede Phase seines Lebens in, durch und zu Gott hin ist. Für den Christen gibt es den Sinn des Sterbens!

Christenmenschen sind deswegen immer — es sei denn, daß sie von einem plötzlichen Tod im Krieg oder durch einen Unfall überfallen wurden — wissend in den Tod gegangen. Als Martin Luther starb — sein Mitstreiter Justus Jonas war bei ihm und hat seine Erlebnisse aufgezeichnet —, sprach er: „... so weiß ich doch gewiß, daß ich bei Dir ewig bleibe und aus Deinen Händen mich niemand reißen kann." Und dann betete er mehrfach die Worte des Abendgebetes der Kirche: „In deine Hände befehle ich meinen Geist, du treuer Gott." — Gefragt, ob er bei seiner Lehre bleiben wolle, antwortete er mit einem klaren Ja. Der Tod selbst kam dann ohne Kampf, sanft und ruhig nahm er Abschied von dieser Welt.

Ein anderes Beispiel christlichen Sterbens gibt Dostojewski. Dostojewski starb im Januar 1881. In der Nacht des 25. Januar hatte Dostojewski einen Blutsturz gehabt, der aber nicht so gefährlich schien, daß man mit seinem Tode rechnete. Seine Frau blieb in der Nacht bei ihm im Schlafzimmer. Als sie gegen sieben Uhr erwachte, sah sie, daß Dostojewski bereits wach war und auf sie schaute. Auf die Frage, wie er sich fühle, antwortete er: „Ich bin jetzt schon ganze drei Stunden wach und habe die ganze Zeit nachgedacht, und es ist mir gerade klar geworden, daß ich heute sterben werde." Dann bat er darum, Kerzen anzuzünden und ihm aus dem Neuen Testament vorzulesen. Um einhalb neun Uhr war dann Dostojewski tot.

Auch hier ging ein Christ wissend in den Tod — ein Mann, der ganz als moderner Mensch durch alle Zweifel und Anfechtungen hindurchgegangen war. Er hatte „nachgedacht", er war wissend in den Tod gegangen.

Man könnte jetzt noch die Z e u g n i s s e d e r c h r i s t l i c h e n M ä r t y r e r , insbesondere aus dem ersten Jahrhundert der Geschichte der christlichen Gemeinde, hören. Bedeutsam ist, daß das S t e r b e n und die Bereitschaft zum Sterben gerade bei ihnen a l s S i e g ü b e r d i e W e l t gelebt wurde. Hier wurde s i c h t b a r , d a ß d i e s a t a n i s c h e M a c h t gebunden ist, daß Christus dem Tode die Macht genommen hat. Nichts hat die Heiden der damaligen Welt mehr überzeugt als diese Kraft des Sterbens der Christen und ihr Glaube an die Überwindung des Todes.

Was kommt nach dem Tod?

Was kann man sich schon unter „Ewigkeit" vorstellen? Im Ernst meinen viele, daß die E w i g k e i t l a n g w e i l i g sei, und sie möchten deswegen möglichst lange hier auf dieser Erde leben. Wer könnte nicht jenen Benediktinermönch verstehen, der als achtzigjähriger allabendlich betete, Gott möchte ihn doch noch einige Jahre auf dieser Erde belassen, im Himmel könne er den Allmächtigen dann ja immer noch in Ewigkeit sehen. So meinen viele: Da ist doch wenig Faszinierendes am Himmel der Christen, vor allem wenn man bedenkt, wie wenig sie selbst den Wunsch haben, „in die Ewigkeit einzugehen". Viele Ahnungslose stellen sich die Ewigkeit als eine Art Schlafzimmer für alle Zeiten vor — allerdings ohne einen Ausgang. Andere wieder als einen langweiligen Gottesdienst, der nie ein Ende hat. Da sagte mir einmal ein Konfirmand, der Gottesdienst hier sei ja schon langweilig genug, wenn man aber im Himmel Gott ewig anbeten und Halleluja rufen solle, dann wäre das doch wirklich nicht zum Aushalten.

Was ist schon „im Himmel los"? Wenn es dort keine Wälder, Berge, Seen, keine irdischen Freuden, keinen Kampf ums Dasein, keinen Wettbewerb, keine Liebe zwischen Mann und Frau, keine Familie, keine Arbeit, kein Fernsehen, keinen Sport, keine Diskussion und keine Diskotheken — eben keine Schöpfung im Guten wie im Bösen geben wird?

Wie kann ich die Ewigkeit schon lieben — so klagt mancher —, wenn die Menschen doch nach der Aussage Jesu dort wie die Engel leben? Was ist der Mensch ohne Leib? Leben wir im Himmel ohne unser Ich? Bringt die Zukunft im Tod den endgültigen Abschied von dem, was wir hier Schönheit nannten?

Zunächst einmal: D i e B i b e l w e i ß n i c h t s v o n e i n e m g e i s t i g e n H i m m e l o d e r v o n l i e b l o s e n o d e r i c h - l o s e n M e n s c h e n , d i e i n e i n e n K o l l e k t i v h i m m e l e i n g e s p e r r t o d e r i n e i n e K o l l e k t i v s e e l e e i n g e - s e n k t w e r d e n . Ewigkeit (oder Reich Gottes) ist nicht das „abstrakte Nichts", sondern das Gegenteil davon. Das Gegenteil von Nichts heißt Schöpfung und Leben. Christus hat den Kranken und Elenden nicht gesagt, daß sie sich leidend mit der Misere des Daseins abfinden sollten, weil das Leben ja doch keinen Sinn habe, sondern er hat sie für das Leben gesund gemacht.

In einer Predigt über Lukas 21 hat Martin Luther in anschaulicher Weise ausgedrückt, was er sich unter Ewigkeit vorstellt:

„Du sollst wissen, daß gleich wie unsere Leichname auch nach dem Wesen verwandelt werden . . . also wird Himmel und Erde am Jüngsten Tag mit allen Elementen und was allenthalben ist, durchs Feuer zerschmelzt und verpulvert werden, samt aller Menschenkörper, daß nichts denn eitel Feuer allenthalben sein wird, und alsbald darauf alles wiederum neu aufs allerschönste geschaffen, daß unsere Körper hell leuchten werden wie die Sonne, und die Sonne siebenmal heller, denn sie jetzt ist."

Jetzt ist die Sonne — so meint Luther — gar nicht so schön, hell, klar und freundlich; sie ist durch die Schatten des Bösen in die Zwiespältigkeiten geraten, und dadurch „hat unser Herrgott dem Himmel einen Sack angezogen". In der Neuschöpfung wird dieser Schatten nicht mehr sein. „Alle Kreaturen werden Lust, Liebe, Freude haben und mit dir lachen, und du hingegen mit ihnen, auch dem Leibe nach."

In seinem Kommentar zu dieser Stelle schreibt der Erlanger Theologe Paul Althaus („Die letzten Dinge", S. 353): „Das ewige Leben ist also für Luther nicht weltlos. Das Schauen Gottes und die Freude an Gott schließt in jenem Leben sowenig wie in diesem die Freude an der Kreatur aus, sondern ein. Wie der Mensch sich in dieser Welt der Kreatur freut, so erst recht in jener."

In den Aussagen der Bibel haben diese Hoffnungen Luthers ihren klaren Grund. Auch Jesaja sieht die Verwandlung der Sonne in ein ewiges Licht („Die Sonne soll nicht mehr dein Licht sein am Tage, und der Glanz des Mondes soll dir nicht mehr leuchten, sondern der Herr wird dein ewiges Licht und dein Gott wird dein Glanz sein" [Jesaja 60,19].) Die Schöpfung wird ohne Kampf und Angst, aber mit den Kreaturen sein; in der Ewigkeit ist der Mensch nicht allein.

Ewiges Leben bedeutet also nicht Leben der Seele ohne Leib. Zwar wird der Mensch durch den Tod von seinem zwiespältigen, kranken, der Verwesung anheimfallenden Leib erlöst. (Röm.7,24: „Ich elender Mensch, wer wird mich erlösen von dem Leibe dieses Todes?") Aber nicht so, daß die Seele leiblos weiterlebt. D e r C h r i s t w i r d n i c h t v o m L e i b e r l ö s t , s o n d e r n d e r L e i b s e l b s t w i r d e r l ö s t : „Wir warten auf unseres Leibes Erlösung" (Röm.8,23). Der Mensch wird nach der Auferstehung weiterleben in einer erlösten, von Krankheit, Todesmacht und Zerfallenheit befreiten neuen Leiblichkeit. Es wird gesät ein verweslicher Leib in Schwachheit, Hinfälligkeit und Unvollkommenheit, aber es wird auferstehen ein neuer, ein geistlicher, ein von der schöpferischen Geisteskraft Gottes vollendeter Leib (vgl. 1.Kor.15,42ff.).

Aber ist das Problem „Tod" für den Menschen heute überhaupt noch ein Problem? Haben wir nicht gerade in diesem Jahrhundert Beispiele einer geradezu l ä h m e n d e n u n d ü b e r w ä l t i - g e n d e n T o d e s v e r a c h t u n g? Ich sehe dabei jetzt einmal von den massenhaften Beispielen der Todesverachtung während der letzten beiden Weltkriege ab. Auch heute, mitten im Frieden unserer Wohlstandsgesellschaft, kann man immer wieder hören und erleben, daß der Tod als eine „natürliche Sache" hingenommen wird. Man will „kein Aufhebens" vom Tode machen. Man will den T o d gar nicht verdrängen, sondern ist bereit, ihn als eine „n o r m a l e T a t - s a c h e" z u a k z e p t i e r e n.

Ich kenne viele Ärzte und Krankenschwestern, die aufgrund ihrer Erfahrungen mit Todkranken von der Todesgleichgültigkeit ihrer Patienten oft überrascht wurden. Der Sterbeforscher Dr. Lothar Witzel meint aufgrund langjähriger und umfassender Untersuchungen festgestellt zu haben, daß der Kranke viel leichter stirbt, als der gesunde Mensch meint. Von 110 Sterbenden, die Dr. Witzel befragte, gaben nur zwei an, daß sie Angst vor dem Tode hätten. Alle anderen standen dem Tod mehr oder weniger gefaßt, wenn nicht sogar gleichgültig gegenüber. Woran liegt das?

Ich meine, daß diese Todesverachtung darin ihre Ursache hat, daß dem Menschen irgendwo das Leben gleichgültig geworden ist. Ich wiederhole: J e w e n i g e r L i e b e z u m L e b e n, u m s o w e - n i g e r A n g s t v o r d e m T o d.

Die Liebe zum Leben kann so sehr erkalten, daß der Lebenswille in Lebensverachtung umschlägt. Wir müssen heute mit der Möglichkeit s t e i g e n d e r L e b e n s v e r a c h t u n g, also mit einem a g g r e s - s i v e n N i h i l i s m u s, für die Zukunft rechnen. U n e i n g e - s t a n d e n e r T o d e s t r i e b, Lust am Untergang und an der Zerstörung sind heute schon unübersehbare E l e m e n t e u n s e r e s L e b e n s.

In den Sprüchen Salomos finden wir diese Erkenntnisse so ausgesprochen: „Wer aber an mir sündigt, der verletzt seine Seele. Alle, die mich hassen, lieben den Tod" (Spr.8,36). Also: Wer von Gott, dem Urquell des Lebens, getrennt ist, wer den Sinn, die Freude und die Schönheit des Daseins nicht mehr sieht, der will den Tod und verachtet das Leben.

G. R. Taylor berichtet in seinem „Selbstmordprogramm" von einem Brief, den Sherwood Anderson seinem Freund W. Frank schrieb:

„Ich kann mich an Geschichten in meiner frühen Jugend erinnern, die meinen Glauben bestärkten, daß früher ein tiefer halbreligiöser Einfluß die Menschen formte ... und ich kann mich an alte Genossen in meiner Heimatstadt erinnern, die gerührt von einem Abend erzählten, den sie in den großen weiten Ebenen verbracht hatten. Das machte ihre Stimme ganz sanft; sie hatten den Reiz der Stille kennengelernt." Dazu bringt Taylor das Urteil von Stewart Udall: „Ein halbes Jahrhundert danach haben wir den Reiz der Stille vergessen und vollkommen verloren."

Wir sehen nicht mehr, daß ü b e r d e r W e l t d e r A b g l a n z G o t t e s liegt. Wir haben vergessen, daß Leben auf dieser Welt Schöpfung ist und in der Verantwortung vor Gott steht. Wir haben die Umwelt nicht nur verstümmelt und dabei verdrängt, daß die Welt und das Leben G o t t e s sind. Wir haben die Schönheit verloren, die Ehrfurcht vor der Welt — damit aber auch die Ehrfurcht vor unserem eigenen Leben. Deswegen ist uns das Leben — auch unser eigenes — gleichgültig geworden. Also — es mag sich paradox anhören, aber es ist die Wahrheit: W e i l Z e i t g e n o s s e n d a s L e b e n n i c h t m e h r l i e b e n , i s t i h n e n d e r T o d g l e i c h g ü l t i g g e w o r d e n , w e i l s i e d i e E h r f u r c h t v o r d e r S c h ö p f u n g v e r l o r e n h a b e n , s a g t i h n e n d i e E w i g k e i t n i c h t s .

Die tödliche Gefahr für die Menschheit der Zukunft besteht darin, daß sie aufhört, das Leben zu lieben.

Weil Christen die Schöpfung und das Leben in dieser Schöpfung ehren, deswegen ist ihnen die Ewigkeit kein Nichts. Die Zukunft wird offenbar machen, daß Christen — aller antichristlichen Propaganda zum Trotz — in der Zukunft die einzigen Menschen sein werden, die das Leben lieben und deswegen die Ewigkeit erwarten.

„Wenn aber Christus, unser Leben, sich offenbaren wird, dann werdet ihr auch offenbar werden mit ihm in der Herrlichkeit", schreibt der Apostel Paulus an die Kolosser (3,4).

Das wahre Leben scheint durch diese Welt hindurch, denn diese Welt zeigt auf Gott.

Aber das wahre Leben wird auch durch diese Welt verdeckt: Das Leben steht im Schatten der Dämonie.

Das w a h r e L e b e n ist nicht offenbar. Aber es wird o f f e n b a r , w e n n C h r i s t u s w i e d e r k o m m t am Ende der Zeit. Er selbst wird dann die Fülle des Lebens darstellen, die wir auf dieser

Erde vergebens gesucht, die wir wohl geahnt, nach der wir uns gesehnt, aber die wir nicht gefunden haben.

Wenn Christus wiederkommt, wird o f f e n b a r w e r d e n , w a s e i g e n t l i c h u n s e r e i g e n e s L e b e n i s t. Da wurden viele Ziele gesetzt, da wurden im Leben viele Türen aufgemacht, da wurden viele Lebensphasen durchschritten, viele Hoffnungen und Erwartungen gehegt — aber jedesmal war das, was wir hinter den vielen Türen, die wir aufmachten, fanden, nicht das, was wir in unserem Herzen gesucht haben.

Wenn Christus wiederkommt, dann wird das wahre Leben offenbar. Dann wird aber auch — und das ist der entscheidende Sinn dieser Worte des Apostels Paulus — unser eigenes Leben offenbar, dann werden wir e r k e n n e n , w e r w i r e i g e n t l i c h sind. Wir werden offenbar werden, wir werden nicht ausgelöscht, sondern wir werden uns selbst finden. Wir werden z u u n s s e l b s t b e f r e i t werden.

Ewigkeit ist dann nicht langweilige Ewigkeit, Auslöschung unseres Ichs, unserer Personalität — im Gegenteil, die Ewigkeit bringt das eigentliche Leben, denn in Ihm ist der Weg und die Wahrheit und das Leben (Joh.14,6).

Information: Die Zwischenzeit, Wiedersehen?, Todesverdrängung, Todesphilosophie

Was kommt nach dem Tod?

Viele Christen meinen, daß die Seele nach dem Tod in den Himmel kommt, daß der Mensch seelisch weiterlebt und der Körper verwest. Die Auferstehung des Leibes am Ende der Zeit steht bei sehr vielen völlig im Hintergrund ihres Glaubenslebens. Biblische Verkündigung ist: Sofort nach dem Tod wird die Seele in die Ewigkeit eingehen. Schon vor der Wiederkunft Christi am Ende der Zeiten werden die Seelen der Gestorbenen bei ihm sein. Die im Glauben Geretteten werden sofort nach dem Tod in die

Seligkeit eingehen, die Verlorenen, in der Feindschaft mit Gott Verharrenden, werden sofort die Qualen der Gottesferne erleiden. Wer Gott nicht gesucht hat, hat ihn für die Ewigkeit verloren.

Doch die Vollkommenheit der Erlösung wird erst dann ihre Erfüllung finden, wenn in der Wiederkunft Christi Himmel und Erde neu geschaffen und die Leiber der Verstorbenen zu einem neuen Leben, zu einer neuen Herrlichkeit auferweckt und — wenn man es so ausdrücken darf — mit der Seele wieder vereinigt werden. Erst dann ist die Vollkraft der neuschöpfenden Erlösung gegeben (vgl. 1.Kor.15,51-54 u. 1.Thess.4,16—17).

Die Zwischenzeit zwischen der Auferstehung der Seele und der Auferweckung des Leibes am Ende der Zeit wurde in der Geschichte der Christenheit verschieden gedeutet. Da geht es vom Schlaf der Seele bis zu der Behauptung der vollen Gottesschau und Seligkeit (z. B. die päpstliche Bulle „Benedictus Deus" von 1363). Luther meinte, daß der Zwischenzustand eher als Schlaf aufzufassen sei (worin ihm die weitere Entwicklung der lutherischen Theologie allerdings nicht folgte). Calvin verwarf den Gedanken des Seelenschlafes und betonte die erlöste Freude der Seele, obgleich auch er diese Zwischenzeit als ein Warten auf die völlige auch leibliche Erlösung am Ende der Zeit verstand.

Luther hat noch darauf verwiesen, daß diese Zwischenzeit zwischen dem Tod des einzelnen und der Wiederkehr Christi am Ende der Zeit nicht mit unseren Maßstäben der Zeit gemessen werden dürfe, sondern daß diese Zeit „wie in einem Nu vergeht" und die Zwischenzeit als Zeit des Wartens gar nicht nach unseren Dimensionen des Wartens in Erscheinung tritt. Er hat damit gleichsam die Einsteinsche Relativitätstheorie von Raum und Zeit vorweg gedacht. Die orthodoxe Kirche des Ostens neigt in ihrer Lehre mehr zum ursprünglich lutherischen Typ, während die Auffassung Calvins von der bewußten Seligkeit der auferweckten Seelen vor der Auferstehung des

Leibes mehr dem römisch-katholischen Lehrtyp entspricht. — Als das Grundsätzliche halten wir fest:
Der Tod bringt die Rückkehr der Seele zu Gott, die
gleich bei Christus sein wird und die Freude der
Erlösung haben darf, aber die volle leibliche Erlösung erst am Ende der Zeiten erlangen wird.

**Im Himmel
ein Wiedersehen?**
Gibt es im Himmel ein Wiedersehen?
Für viele in gleicher Weise eine groteske, peinliche
und hoffnungsvolle Frage. Auch hier gilt: Wille zum
Wiedersehen für die Ewigkeit kann es nur da geben,
wo man wirklich geliebt hat, denn die wirkliche Liebe
will Ewigkeit und die wahre Liebe hört niemals auf
(vgl. 1.Kor.13: Das Hohelied von der Liebe).

Wir müssen uns dabei daran erinnern: Weiterleben
bedeutet nicht, daß wir „geistig" weiterleben; wir
leben individuell und leiblich weiter. Der Ewig-
keitsglaube der Bibel löscht ja die Individualität nicht aus, sondern bejaht sie
für die Ewigkeit. Das bedeutet zwar, daß der alte
Leib zerstört wird, aber es ist ein neuer Leib für
jeden von uns bereit, der unsere Individualität nicht
vernichtet, sondern befreit und vollendet: „Mit alle-
dem", meint der lutherische Theologe Paul Althaus,
„ist schon entschieden, daß die christliche Hoffnung
ein Recht hat, vom leiblichen Wiedersehen zu sprechen." („Die letzten Dinge", S. 135.) Dabei beruft
Althaus sich auf den Philemonbrief (V.15), in dem
der Apostel Paulus dem Philemon schreibt, daß er
seinen Knecht Onesimus einmal „für ewig" als einen
Bruder haben würde.

Die Auferstehungsleiblichkeit stellt sich der ebenfalls lutherische Theologe Bezzel so vor: „Kein Zug
wird in diesem Leibe mehr sein, der dich beschämte,
keine Miene, die dich verklagte, keine Gebundenheit
wird mehr sein . . . kein Mangel, kein Zuwenig wird
mehr sein, sondern volle Harmonie . . ." (bei Althaus
ebd. S. 135.)

Das „Wiedersehen", das die Ewigkeit
bringt, wird das Wiedersehen erlös-
ter und vollendeter Menschen sein.
Es entfällt damit die Angst vor dem Wiedersehen
mit „unsympathischen Menschen" oder „lästigen Brü-

dern". Die Verwandlung oder Neuschöpfung wird die Gemeinschaft in der Ewigkeit nicht nur „erträglich", sondern vollkommen machen.

Zu dem Thema S t e r b e n i m K r a n k e n h a u s habe ich dankbar die Erkenntnisse der Basler Krankenschwester Margit Heussler in ihrer Examensarbeit: „Der Sterbende im Krankenhaus" benutzt. Sie schreibt in dieser Arbeit: „Die Begegnung mit Sterbenden macht uns oft sehr müde. Wir haben die Neigung, alle andere Arbeit erst auszuführen, um am Schluß den Sterbenden zu versorgen. Dieses ‚noch rasch' bringt eine Unruhe, eine Hetze in das Sterbezimmer ... Er wird überfahren, weil wir mit ihm nichts mehr anfangen können... All das zeigt, wie unfähig wir Schwestern oft sind, einem sterbenden Menschen zu begegnen..."

Diese Erkenntnis wird bestätigt durch die Untersuchungen von Verhaltensforschern, die festgestellt haben, daß Ärzte und Schwestern das Krankenzimmer eines Sterbenden zögernder und langsamer aufsuchen als die Krankenzimmer aller anderen Patienten. Aber wer will die Forderung der Basler Krankenschwester heute noch erfüllen: „Wir müssen auch bereit sein, durch das Erlebnis des Todes immer wieder an die Grenze unseres Seins gebracht zu werden"? Wer will das? Wer kann das? Wo geschieht das noch heute?

Der Bremer Pastor Klaus Dirschauer hat in einer bedeutsamen Arbeit über das Thema „D e r t o t - g e s c h w i e g e n e T o d" (1973) reiches Material darüber zusammengetragen, mit wieviel Klugheit in der modernen Welt das Problem des Todes verdrängt wird: Von den als „Sterbefabriken" bezeichneten Krankenhäusern bis zu den Todesanzeigen in den Tageszeitungen und bis zur Umgangssprache und Praxis der Beerdigungsinstitute, für die „Tod" und „Sterben" Tabuworte sind, die mit Schick und Trick vermieden werden.

Einen ausgezeichneten Überblick über den Tod im Denken der Philosophie gibt das Buch von Jacque Choron: „D e r T o d i m a b e n d l ä n d i s c h e n

D e n k e n" (1967). In diesem Buch erfahren wir, daß sowohl der Atheist Friedrich Nietzsche als auch der Materialist Thomas Hobbes an den Tod mit Grauen gedacht haben, während der Philosoph René Descartes das Leben durch die Vernunft gern über einige Jahrhunderte verlängert hätte. Man kann in diesem Buch eine bedeutungsvolle Linie erkennen:

D i e P r e i s g a b e d e r c h r i s t l i c h e n V e r k ü n d i g u n g v o n d e r A u f e r s t e h u n g d e s L e i b e s am Ende der Zeiten führt zur Verkümmerung des Glaubens an ein persönliches Weiterleben. Schließlich bleibt alles bei einem nebelhaften allgemeinen Weiterleben und e n d e t dann nach einem Umweg über das unpersönliche „Weiterleben in der Natur" im G e d a n k e n d e s a b s o l u t e n N i c h t s. Am Ende dieser Linie ist dann der Tod wirklich tot.

6. Kapitel

Der Glaube behält recht
für die Zukunft

Auf welches Ziel hin leben?

Ein Forschungsteam der berühmten Yale-Universität in Amerika
hatte sich unter der Leitung des Star-Psychologen Daniel Levinson
mit einem heiklen, aber auch sehr praktischen Problem zu beschäftigen: Es ging um die L e b e n s k r i s e d e r M ä n n e r i n d e n
v i e r z i g e r J a h r e n. Ausgangstatsache war und ist: Menschen
geraten auf dem Höhepunkt ihres Lebens in eine Krise, die sie aus
der Bahn werfen kann. Ungezählte Menschen um die vierzig schlep-
pen eine Last mit sich herum: Diese L a s t h e i ß t S i n n l o s i g -
k e i t. Da gibt es keine Antwort auf die Frage: Warum eigentlich
noch weiterleben?
Folgende Verhaltensweisen wurden bei Männern in den Vierzigern
festgestellt, die mit den Krisenjahren ihres Lebens nicht fertig wurden, weil sie an der Sinnfrage zerbrachen: Sie wurden Alkoholiker,
begingen Ehebruch, trugen sich öfter mit dem Gedanken des Selbst-
mordes, lebten in einer Art Ausbruchspanik, das heißt, sie wollten aus
Familie und Beruf ausbrechen, sie neigten zu Depressionen und An-
triebsschwäche, wurden rührselig, wenn sie an die Vergangenheit
dachten, die sie zumeist in unrealistischer Weise verherrlichten. Die
Angst vor Krankheit und Tod wuchs. Sie litten unter dem Bewußtsein der Grenze ihrer körperlichen Leistung, wobei sie sich allerdings ihre Leistungsschwäche oft mehr einredeten, als daß sie wirklich vorhanden war. Warum ist das so?
Mit Vierzig muß man einsehen, daß vieles von dem, was man einmal verwirklichen wollte, nicht erreicht wurde und auch nicht mehr
erreicht werden kann. Auf dem Höhepunkt seines Lebens sieht man
die Grenze seiner Möglichkeit.
Der Vierziger als Erfolgsmensch hat vielleicht nicht nur viele Zielvorstellungen, die er in seiner Jugend einmal hatte, erreicht, sondern

sie sogar überboten. Aber dieses erreichte Ziel hat nicht das Glück gebracht, das er sich vorgestellt hatte. Was man erreicht und erkämpft hatte, ist bedeutungslos geworden. Über den Mercedes 280 kann man sich nicht mehr freuen wie über den Motorroller, den man sich mit achtzehn angeschafft hatte. Wieder andere sehen, was andere erreicht haben, was sie selbst nicht schaffen konnten; sie werden neidisch, fühlen sich vom Schicksal übergangen, hadern mit Gott oder dem Schicksal und neigen zu Aggressionen gegenüber ihren Mitmenschen.

Wir sind heute in unserer westlichen Zivilisation bedroht von der Glaubens- und Vertrauenskrise einer großen Heerschar der Vierzigjährigen, die sich für nichts mehr engagieren, weil sie nichts mehr glauben. Hier liegt die Hauptursache für die Katastrophe des Generationsproblems: Die „Alten" haben der „Jugend" nichts mehr zu sagen, weil sie nicht wissen, was sie sich selbst sagen sollen.

Ich halte es nicht für nützlich, auf die Vorschläge des Yale-Teams angesichts dieser Misere einzugehen. Was die Psychologen im einzelnen vorschlagen, ist letzten Endes eine Art Kindergarten-Beschäftigungs-Strategie für Erwachsene — zweifellos in mancherlei Hinsicht nützlich und praktisch, aber letztlich nicht an die Wurzel des Problems heranreichend. Vom Standpunkt des christlichen Glaubens sehen wir den Kern des Problems in der Sinnkrise, die nur aus der Wiedergeburt des Glaubens geheilt werden kann.

Dabei müßten wir vorab folgendes bedenken: Eigentlich lebt heute noch gar kein Mensch so richtig ohne den Glauben an Gott und damit ohne Hoffnung. Um es einmal ganz primitiv auszudrücken: Ein jeder Durchschnittsmensch meint doch, daß da noch „irgendwie etwas ist" und kommt, daß da „irgendwie ein göttliches Wesen regiert", das noch irgendwie eine glückliche Überraschung bereithält.

Aber auch diese Glaubensreste verkümmern. Sie sind nur noch die letzten Strahlen einer bereits untergegangenen Sonne. Diese Halb-Traditionen halten den Herausforderungen der Zukunft nicht mehr stand. Es kommt die Wüste. Der moderne Mensch wird zum Wüstenmenschen, der in der Sinnlehre herumirrt und kein Ziel mehr sieht.

Keine Kultur, keine Gesellschaft kann ohne ein Ziel leben. Kein Mensch kann ohne ein Ziel leben, wobei zunächst einmal ganz offen bleibt, ob das Ziel richtig oder falsch ist, ob es auf Täuschung beruht oder nicht. W e r o h n e Z i e l m a r s c h i e r t, w i r d m ü d e. Für Menschen gilt, was für Kulturen auch gilt: Ziellos verrecken sie am Rande der Bahn des Lebens. Nur die, die gesund werden wollten, hat Christus geheilt. Nur die, die Gott suchen, werden ihn finden. Ziellosigkeit ist eine Krankheit.

Diese K r a n k h e i t d e r Z i e l l o s i g k e i t nennt der Kommunist Martin Walser in seinem Roman nach dem Helden seines Erzählungsstoffes „die gallistische Krankheit" (1973). Die Zentralfigur dieses Romans ist ein Intellektueller, der an der Krankheit der Ziellosigkeit zugrunde zu gehen droht. Aber diese Krankheit ist nicht s e i n e Krankheit, sondern die Krankheit der ganzen Gesellschaft; er ist von ihr nur angesteckt. Es ist — das will der Schriftsteller sagen — ein System ohne Zukunft, in dem er lebt. Deswegen muß dieses System gesprengt und überwunden werden. Das geschieht dann durch die Partei — die Kommunistische Partei, durch den Sprung in die Ideologie.

Viele junge Leute hören das gern. Die Z u k u n f t w i r d d i e S u c h e n a c h d e m Z i e l w i e e i n e S u c h t a u f b r e -
c h e n l a s s e n. Verführer aller Art werden es leicht haben, wenn sie nur ein Ziel anbieten können. W e i l w i r G o t t n i c h t w o l l e n, w e r d e n w i r A b g ö t t e r v e r l a n g e n — so wie einst das Volk Israel auf der Wüstenwanderung von Aaron forderte: „Mache uns Götter, die vor uns hergehen!" (2.Mose32,1.) In unserer Sprache — und es ist schon die Sprache der jungen Generation, die in Trotzkisten, Maoisten, Leninisten usw. nach Göttern sucht — heißt es: Gebt uns Ideologien, die vor uns herziehen, denn wir wollen wissen, warum wir für die Zukunft leben!

Aber es gibt auch eine Ehrlichkeit, die bereit ist, hinter die Kulissen der Götter zu sehen. Vitezslav Gardavsky ein tschechischer Kommunist, hat in seinem 1961 erschienenen Buch mit dem furchtbaren Titel „Gott ist nicht ganz tot — ein Marxist über Religion und Atheismus" zugegeben, daß Kommunismus auch nur ein „Glaube" ist: Es ist nicht sicher, ob er das „gegenwärtige Stadium eines fürchterlichen Provisoriums überleben wird; deshalb ist auch die Aussicht auf den Kommunismus nicht absolut sicher . . . Sicherheit schlechthin besitzen wir nicht".

Es gibt keine Garantie, so meint er, sondern nur die „Sehnsucht nach etwas, das dem Menschen die Möglichkeit gäbe, über sich hinauszugreifen ... die Leidenschaft für ein überhöhtes Leben".

Wir stehen als Christen mit dem Hut in der Hand vor allen, die für eine bessere Welt, „für ein erhöhtes Leben" kämpfen. Auch wir kämpfen für eine bessere Welt — aber ohne von einer besseren Welt zu träumen. Wir gehen unseren Weg in die Zukunft — aber wir folgen keinen Abgöttern. Wir werden deswegen auch nicht von Abgöttern enttäuscht. J e d e r A b g o t t a b e r e n t t ä u s c h t, wenn wir über ihn nachdenken und wenn wir ihn mit den Realitäten konfrontieren.

Der entschiedene Christ und Philosoph Pascal, der um die Mitte des 17. Jahrhunderts seine Bekehrung zu Christus erlebte, schrieb einmal, „daß uns nichts zu trösten vermag, wenn wir genau darüber nachdenken". Damit meint er doch: Vor der Rückhaltlosigkeit unseres Nachdenkens lösen sich abgöttische Träumereien von der Zukunft in Nichts auf. Und deswegen fliehen wir vor dem Nachdenken in die Zerstreuung der Arbeit, in die politische oder religiöse Aktion, in die Zerstreuung des Vergnügens. „... So fand ich, daß alles Unglück der Menschen einem entstammt, nämlich daß sie unfähig sind, in Ruhe in ihrem Zimmer zu bleiben." — Und wenn sie in Ruhe in ihrem Zimmer bleiben? Was geschieht dann? Pascal antwortet: „Dann spürt er ein Nichts, seine Verlassenheit, sein Ungenügen, seine Abhängigkeit, seine Unmacht, seine Leere und die Düsternis, die Trauer, den Verdruß, die Verzweiflung."

Anders geht der Christ in die Zukunft. Er weiß, daß er hindurch muß durch Trübsal. Aber weil es Trübsal gibt, gibt es Erfahrung, weil es Erfahrung gibt, gibt es Hoffnung und Geduld. Das sind Tugenden, ohne die wir die Zukunft nicht durchstehen werden. Die Trübsale, Herausforderungen und Ängste können uns aber deswegen nicht erschrecken, weil wir im Blick auf Christus wissen, daß der Weg in die Zukunft durch Leid zur Auferstehung geht.

N u r d e r c h r i s t l i c h e G l a u b e k a n n b e i d e s m i t e i n a n d e r v e r b i n d e n: D e n h ä r t e s t e n R e a l i s m u s u n d d a s g r o ß a r t i g e Z i e l d e r E r l ö s u n g. Deswegen kann der Apostel Paulus sagen: „Wer will uns scheiden von der Liebe Gottes? Trübsal oder Angst oder Verfolgung oder Hunger oder Blöße oder Fährlichkeit oder Schwert?" (Röm.8,35.) Er gibt die Antwort: „Wir überwinden durch den, der uns geliebt hat" (Röm.8,37).

Das Vertrauen in die Zukunft ist nicht abhängig von der Bestätigung durch Erfolge in dieser Welt, denn dieses Vertrauen, das der Christ zu Gott hat, überwindet die Welt und wirkt über die Welt hinaus, trägt die Christengemeinde durch den Untergang der Welt hindurch. Der Christ hat ein Ziel, das über diese Welt hinausgeht — deswegen kann er durch die Welt nicht enttäuscht werden. Dieses Vertrauen in die Zukunft wirkt für die Welt, aber verliert sich nicht an die Welt, weil das Ziel dieses Vertrauens mehr ist als die Welt.

Auch im Glauben unterwegs bleiben

Von dem Mann Abraham sagt der Apostel Paulus im Brief an die Römer: „Und er hat geglaubt auf Hoffnung, da nichts zu hoffen war ..." (4,18.) „Denn er zweifelte nicht durch Unglauben an der Verheißung Gottes, sondern ward stark im Glauben und gab Gott die Ehre und wußte aufs allergewisseste: Was Gott verheißt, das kann er auch tun" (4,20.21).

Wie stand es mit diesem Mann Abraham? Abraham war durch Gott in Bewegung gesetzt worden. Chaldäa hatte er verlassen, um in ein neues Land und in eine neue Zukunft zu gehen. Wenn man so will, kann man sagen, daß mit Abraham die Vorgeschichte der christlichen Gemeinde begann. In und mit Abraham wird das Gottesvolk ausgewählt.

Es war eine große Verheißung am Anfang.

Abraham ging seinen Weg. Aber eines Tages mußte er erkennen, daß er ohne Nachkommen bleiben würde. Es kam die Zeit des Alterns, des „Sterbens" seines Leibes, und es schien, als ob alle Hoffnung vergebens war. Es gab kein Zeichen dafür, daß das mit ihm Begonnene weitergehen würde. Ob Abraham damals in eine Krise seines Glaubens geriet, ob er sich wohl fragte, ob sein Vertrauen auf Gottes Zukunft berechtigt war?

Da kam ihm, dem alten Mann und seiner alten Frau, noch einmal die Verheißung, daß sie einen Sohn haben sollten. Es war ein unsinniges Versprechen, offensichtlich wider die Logik der Natur. Es wurde einem Hoffnung gemacht, „da doch nichts mehr zu hoffen war". Aber Abraham glaubte an die Verheißung, und es wurde ihm ein Sohn geschenkt. Er bekam den Namen Isaak. Die Geschichte des Gottesvolkes konnte weitergehen.

Merkwürdig: Die Geschichte des Gottesvolkes hat Kurven. Da gibt es keine direkten Wege zum Triumpf. Im Gegenteil: Der Weg geht durch Herausforderung, Heimsuchung und Bewährung. Die Wege Gottes mit seiner Gemeinde sind nur zu oft ein Hohn für alles, was Vernünftigkeit heißt. Der Weg dieser Gemeinde wird nicht begriffen, sondern geglaubt. Daß Gott recht behält für die Zukunft, kann man eigentlich zu keiner Zeit beweisen, sondern — wohlgemerkt im Blick auf die Zukunft — nur glauben.

Abraham glaubte an die Zukunft.

Was nun, wenn sich dieser Glaube an die Zukunft, sagen wir: an die Ankunft Gottes — nach unserer Meinung — in unserem Leben nicht erfüllt?

Gibt es ein „ergebnisloses" Glauben und ein fruchtloses Hoffen? Kann der Glaube enttäuscht werden?

Auf dem Kirchentag 1969 in Stuttgart fiel mir ein etwa zwanzigjähriger Student auf, der bei den zahlreichen Debatten über Fragen des Glaubens manchmal in fast bösartiger Weise gegen den christlichen Glauben, insbesondere gegen die Positionen der sogenannten „rechtgläubigen Christen", polemisierte. Aus der Begründung seiner Aussagen, einem kurzen persönlichen Zwischengespräch und halb öffentlichen „negativen Zeugnissen" ergab sich folgendes Bild über die Vorgeschichte seiner in jenen Tagen offenbar werdenden Aggressivität:

Als Schüler war er ein gläubiger Christ. Er hatte sogar in einer kirchlichen Gemeinde die Jugendarbeit geleitet und dann einige Semester Theologie studiert. Sein Berufsziel war Pfarrer. Während des Studiums kam dann — wen sollte es wundern — der Zusammenbruch seines Glaubens. Dies geschah nicht nur — wie er selbst immer wieder ausdrücklich versicherte — wegen der an deutschen Fakultäten herrschenden Normaltheologie, die sich für gläubige Christen zumeist destruktiv auswirkt. Das alles hätte ihn „mehr oder weniger kalt gelassen", meinte er. In ihm hatte sich etwas ganz anderes ab-gespielt, eine Herausforderung, auf die man ihm allerdings in der Umwelt, in der er lebte, keine helfende Antwort geben konnte. Als er eines Morgens aufwachte — so schilderte er es selbst — war sein Glaube plötzlich „wie weggeblasen". Ganz unvermittelt, ohne Kampf oder „geistliches Ringen" war „alles weg". Als er dann am Vormittag über dieses Ereignis nachdachte, war er weder traurig noch besonders erleichtert — nur eines war ihm gewiß: Was er vor-her als Christ geglaubt oder geglaubt zu haben meinte, erschien ihm nachträglich als ein „Theater seiner Seele".

Auf die Frage, warum das alles Krampf und Theater gewesen sei, antwortete er sinngemäß etwa so: Heute weiß ich, daß der Glaube mich nicht anders gemacht hat. Obwohl ich glaubte, blieb ich im Wesen der alte Mensch, der ich vorher auch war. Ich hatte gehofft und erwartet, ein neuer Mensch, also wiedergeboren, zu werden, aber davon ist in Wirklichkeit nie etwas geworden. Das neue Leben, von dem ich selbst zu anderen oft sprach, habe ich mir eigentlich immer nur vorgespielt — in Wirklichkeit ist es nie bei mir ange-kommen. Auch Gebete, viele Gebete, haben sich nicht erfüllt. Dann habe ich mich mit meinen Brüdern und Schwestern „beschäftigt" und nur zu oft die Frage gestellt: Glauben die das wirklich? Leben die wirklich ihrem Glauben? Und dann sah ich hinter die Kulissen. Bei vielen Versammlungen, Diskussionen, Zusammenkünften und im privaten Beisammensein entdeckte ich so viel an abgründigem Egoismus, so viel „strategische Frömmigkeit", daß ich mich immer wieder fragte: Wo ist eigentlich das „spezifisch Christliche" an die-sen Menschen zu entdecken? Und manchmal ertappte ich mich dabei, daß ich viel lieber mit „heidnischen" als mit christlichen Studenten zusammen war.

Wie sollen wir diesen Vorgang in der Seele dieses jungen Menschen beurteilen? Der Glaube hatte diesen Mann offensichtlich enttäuscht. Aus dieser Enttäuschung wuchs nicht nur Bitterkeit seiner christlichen Vergangenheit gegenüber, sondern vor allem auch Hader mit Gott, der ihn — wie er meinte — enttäuscht hatte, und auch Hader mit denen, die an diesen Gott glaubten. Dieser Hader konnte zu einer Art Haß auflodern, wenn er — wie er sich ausdrückte — „Glau-bensprotze" sah. Gerade hinter solchen Menschen vermutete er Heuchelei und Theaterspiel, das er um jeden Preis entlarven wollte. Und so, als der große Entlarver, trat er auch auf bei diesem Kirchentag. Und je mehr Geduld oder Liebe man ihm entgegenbrachte, um so wütender wurde er angesichts der „strategischen Theaterfrömmigkeit" der frommen Brüder.

Man kann nicht jedes Scheitern im Glauben darauf zurückführen, daß im Blick auf die christliche Verkündigung dieses oder jenes nicht recht verstanden ist. Viele sind auserwählt, aber wenige sind berufen. Das Nein zu der Christuswahrheit wird uns oft ein Rätsel bleiben. Dieses Rätsel wird nur Gott selbst deuten und erklären können.

Aber im Blick auf das Schicksal dieses jungen Mannes vom Kirchentag möchte ich doch meinen, daß man das Kernproblem erkennen kann. Hier hat ein Mensch eben nicht geglaubt und gehofft, wie Abraham geglaubt und gehofft hat. Er ist nicht wie Abraham in die Zukunft gegangen ohne Garantie, sein Glaube war nicht bedingungslos. Er war nicht bereit, auch im Glauben unterwegs zu bleiben; er war nicht bereit, die heilsgeschichtlichen Kurven zu nehmen, durch die Gott den Menschen auf seinem Glaubensweg hindurchführt. Er meinte, geradewegs auf das Ziel losmarschieren zu können, das er sich vorgestellt hatte. Aber solch einen Weg gibt der Glaube nicht. Glaube ist unterwegs, er ist unterwegs in der Bewährung, in der Geduld, in der Hoffnung, im Leiden, im Kreuz. Nur auf diesem Wege des Kreuzes gibt es die Auferstehung.

Das bedeutet, daß viele Wünsche und Hoffnungen, die wir gerade als Glaubende haben, für ganze Strecken unseres Lebens unerfüllt bleiben, ja daß sich vielleicht eine Hoffnung oder ein Wunsch nicht erfüllt, auch wenn wir meinen, daß er zu unserem Glaubensweg dazugehören müßte.

Wenn wir auf das Schicksal des Apostels Paulus sehen, dann können wir sagen, daß das Leben dieses Mannes sicherlich nicht ein Paradies ungestörter Gottseligkeit gewesen ist in dem Sinne, daß dieser Weg ohne Kurven, ohne Schwächen, ohne Versuchung, nur in der „Kraftprotzigkeit" eines „Glaubenshelden" verlaufen wäre.

Im 2. Brief an die Korinther läßt der Apostel Paulus in sein persönliches Leben hineinsehen. In diesem Brief spricht er auch von der Krankheit, die Gott, obwohl er ihn darum angefleht hatte, nicht von ihm nahm. Die Antwort, die der Apostel Paulus erhielt: „Laß dir an meiner Gnade genügen, denn meine Kraft ist in den Schwachen mächtig. Darum will ich mich am allerliebsten rühmen meiner

Schwachheit, auf daß die Kraft Christi bei mir wohne" (2.Kor.12,9). Einen Glaubensweg beschreiten bedeutet, sich mit Gott einlassen. Und wer sich mit Gott einläßt, wird es lernen müssen, auf ihn und nicht auf sich selbst zu vertrauen. Er wird es auch lernen müssen, viele Gedanken, Ideen und Pläne aufzugeben. Eines Tages wird er lernen müssen, daß es nichts gibt, dessen er sich rühmen könnte, weil es keine Krise und keine Schwachheit gibt, in der er nicht immer wieder seine Ohnmacht erlebt hätte und nur durch die Kraft Gottes vor dem Abgrund bewahrt worden wäre. Das ist auch der Sinn der Worte im Hebräerbrief: „Es ist der Glaube eine gewisse Zuversicht des, das man hofft, und ein Nichtzweifeln an dem, das man nicht sieht" (Hebr.11,1).

Als Glaubende leben wir eben nicht im Schauen. Solange wir im Glauben auf dieser Erde leben, solange wir noch nicht eingegangen sind in die Herrlichkeit des Reiches Gottes, sind wir unterwegs und bleiben wir unterwegs. N i e m a l s   i s t   d e r   G l a u b e   e i n   s i c h e r e r   B e s i t z ,   a u f   d e m   w i r   s o   a u s r u h e n   k ö n n t e n ,   a l s   w e n n   g a r   n i c h t s   m e h r   z w i s c h e n   G o t t   u n d   u n s   g e s c h e h e n   k ö n n t e . Ganz im Gegenteil: Der Glaube setzt uns auf einen Weg, auf dem sehr viel zwischen Gott und uns geschieht. Da gibt es immer neue Überraschungen, da gibt es immer neue Wendungen, Entdeckungen, Abgründe, Freuden, Schönheiten — solange, bis wir durch den Tod hindurch zu Christus gekommen sind.

Immer wieder aber wird es auf diesem Wege des Glaubens darum gehen, daß wir wirklich aus Gott und nicht aus uns selbst leben. Wiedergeburt bedeutet, daß der alte sich selbst vertrauende Mensch stirbt und der neue, sich ganz Gott öffnende und von ihm lebende Mensch wiedergeboren wird.

„Leben ist die Anstrengung, auf Gott zu warten", las ich unlängst in einem der wenigen lesbaren Andachtsbücher, die es gibt. In diesem Buch von Oswald Chambers („Mein Äußerstes für sein Höchstes", 15. Aufl. 1968) heißt es dann weiter: „Gott nimmt die Heiligen wie einen Bogen, den er spannt; und wenn er einen gewissen Grad erreicht hat, sagen wir: Mehr kann ich nicht aushalten. Doch Gott fährt mit dem Spannen fort. Er richtet sich nicht nach unserem Maßstab, sondern nach dem seinigen. Die Heiligen müssen solange in der Geduld bestehen, bis er den Pfeil in gerader Richtung auf sein Ziel losfliegen läßt."

Wir können gewiß sein: Der Bogen wird gespannt werden. Aber wir können auch gewiß sein, daß der Pfeil fliegen wird. Die Gemeinde Christi geht in die große Herausforderung, aber auch in die große Kraft. Es ist gewaltig, im Glauben zu erkennen, wie unbeirrbar Gott den Weg geht, den er durch die Propheten, durch Christus und die Apostel verheißen hat. Dieser Glaube an dieses Wort macht uns sehend, läßt uns die Zeichen der Zeit deuten, macht uns unbeirrbar, weil wir wissen, daß die Zukunft der Welt und die Zukunft unseres eigenen Lebens die Zukunft Gottes ist.

Information: Nihilismus, lutherisches Glaubensverständnis

Die Wiederkehr des Gleichen

Es lohnt sich, die Jahreszahl zu merken: Im Jahre 1881, während eines Spazierganges im südschweizerischen Alpental am See von Silvaplana, an einem heute noch dort stehenden großen Stein, kam Nietzsche auf den Gedanken der ewigen Wiederkehr des Gleichen. Der Gedanke der ewigen Wiederkehr des Gleichen ist die totale Absage an den christlichen Zukunftsglauben, an die Sinnerfüllung durch das Reich Gottes in der Wiederkehr Christi.

Nach Nietzsche gibt es nichts zu hoffen auf etwas, das über dem Menschen oder über der Welt ist. Deswegen soll der Mensch so leben, daß er ausschließlich in der Gegenwart die Erfüllung seines Daseins findet. Da gibt es kein Ziel, auf das hin man sich bewegen kann, sondern für alle Ewigkeit die Wiederholung des Gleichen: „Ach, der Mensch kehrt ewig wieder! Der kleine Mensch kehrt ewig wieder!" — Im Jahre 1887 dachte Nietzsche über die Konsequenzen seiner Entdeckung nach:„Denken wir diesen Gedanken in seiner furchtbarsten Form: Das Dasein, so wie es ist, ohne Sinn und Ziel, aber unvermeidlich wiederkehrend: Die ewige Wiederkehr. Das ist die extreme Form des Nihilismus: Das Nichts (das „Sinnlose") ewig!"

Mir scheint dieser Gedanke Nietzsches deswegen so wichtig, weil dieser Mann das ausgesprochen hat, was heute das Leben vieler gottloser Menschen bestimmt, die ohne Sinn und Zukunft leben und vielleicht deswegen nicht mehr (wie Nietzsche selbst) darunter leiden, weil sie innerlich erstorben sind — der gottlose Mensch hat das Leben verloren.

Daß der Christ auch im Glauben unterwegs ist, daß auch im Glauben Herausforderungen und Kämpfe bleiben, daß der Christ auch als Glaubender noch Sünder ist und daß er als G l a u b e n d e r   n i e   s i c h   o d e r   s e i n e r   F r ö m m i g k e i t ,   s o n - d e r n   i m m e r   n u r   a l l e i n   G o t t und seiner Offenbarung in Christus vertrauen kann — das ist ein   K e r n g e d a n k e   d e r   R e f o r m a t i o n   M a r t i n   L u t h e r s . — In vielen seelsorgerlichen Gesprächen, vor allem aber in der Begegnung mit solchen, die mit dem Christentum gebrochen haben, habe ich sehr oft erfahren, daß der Glaube an die Christusoffenbarung verwechselt wurde mit einem Selbstvertrauen in die eigene Frömmigkeit. Wer sich selbst oder seiner eigenen Frömmigkeit vertraut, ist nicht unterwegs mit Gott. Eine sich selbst vertrauende Frömmigkeit ist Pharisäismus. Das ist genau die Haltung, die Christus als heimliche Gottesfeindschaft entlarvt hat. Die Bewährungen der Gemeinde in der Zukunft werden wohl so sein, daß die Frömmigkeitssicherung dieser Art dahinfallen und nur das Vertrauen auf den Gott bleibt, der sich in Christus geoffenbart hat.

**Gottvertrauen
statt
Selbstvertrauen**

Nachwort

Dieses Buch möchte in allgemeinverständlicher Form die Wiederkunft Jesu Christi bezeugen. Es geht mir dabei einmal um Information über die wesentlichsten Aussagen der Bibel im Blick auf das Ende der Welt. Dann aber möchte ich seelsorgerlich jenen helfen, die mit dieser Botschaft noch nicht hinreichend vertraut sind und ihren Sinn noch nicht erfaßt haben. Da ich beim Schreiben dieses Buches auch an die Randsiedler, Angefochtenen und Suchenden dachte, habe ich auf jeden Fall allgemeinverständlich schreiben wollen und alle theologischen „Spezialprobleme" bewußt ausgelassen. Vor allen Dingen aber ging es mir auch darum, die endzeitlichen Aussagen der Bibel in eine Beziehung zu setzen zu dem, was sich heute in unserer Zeit abspielt und was wir mit Sicherheit für die Zukunft zu erwarten haben. Die christliche Gemeinde darf der Konfrontation mit der modernen Welt nicht ausweichen, damit sie gerüstet ist für die Herausforderung der Zukunft.

Georg Huntemann

Weitere Bücher von Georg Huntemann:

§ 218 — Um Leben oder Tod der Ungeborenen
48 Seiten. Paperback

Die Argumente pro und contra Abtreibung werden ausführlich dargestellt und durchleuchtet. Für Huntemann ist Abtreibung vom Standpunkt des christlichen Ethos Mord am ungeborenen Menschenleben.

Aufstand der Schamlosen
60 Seiten. Paperback

In Filmen, Illustrierten und pseudowissenschaftlichen Publikationen dominiert das Thema Sexualität. Huntemann beschreibt diese neue Kulturrevolution des Westens und deutet sie als Verlust der Ehrfurcht vor Gott. Er schreibt unmißverständlich und kompromißlos.

Autorität oder Chaos
64 Seiten. Paperback

In diesem Buch setzt sich der Bremer Pastor mit dem modernen Schlagwort „antiautoritär" auseinander. In breiter Auffächerung höchst aktuellen Materials will dieses Buch informieren und eindeutige Wertungen setzen.

Die politische Herausforderung des Christen
108 Seiten. Paperback

Ich sehe meine Aufgabe vornehmlich darin, aus der Bibel selbst die Grundsätze zu entwickeln, die Voraussetzung für eine christliche Meinungsbildung über politische Fragen sind." (Aus dem Vorwort.)

Streit in der Kirche
152 Seiten. Paperback

Provozierte Theologie in technischer Welt
295 Seiten. Paperback

In der Spannung leben
Taschenbuch-Ausgabe

Probleme und Nöte unserer Kirche aus der Sicht eines Großstadtpfarrers.

Paperbacks für Mitarbeiter

Paul Sheetz
Die Sache mit dem Feigenblatt
144 Seiten. ABCteam. Paperback

Ein biblisch-psychologischer Test: Wer bin ich — wer möchte ich sein? Hier wird das Thema der Heuchelei und Verstellung aufgegriffen mit der Möglichkeit, sich selbst zu testen. Obwohl jeder sich zunächst dagegen verwahren wird, Heuchler genannt zu werden, stöbert Sheetz uns in unseren Verstecken auf: Lebensstandard, Mode, Image, Hobbies. Masken enthüllen und machen uns zu Sklaven. Das Buch zeigt den biblischen Weg zur Befreiung.

Harold Brown
Evangelium und Gewalt
176 Seiten. ABCteam. Paperback

Die zunehmende Anwendung von Gewalt zur Durchsetzung politischer Ziele schockiert. Was steckt dahinter? Sind Revolution und Gewalt der Weg in eine bessere Welt? Brennende Fragen der Gegenwart werden vom Verfasser aus der Perspektive des Evangeliums und mit Sachkenntnis beantwortet.

Walter Wanner
jugend aktiv
Handbuch für missionarisch-dynamische Gruppenarbeit
176 Seiten. Alkor

Möglichkeiten und Aufgaben missionarisch-dynamischer Jugendarbeit in den siebziger Jahren werden grundlegend und datailliert dargestellt.

Walter Wanner
Sturz ins Leben
Werkbuch für Gruppenarbeit, Unterricht, Offene Jugendarbeit
160 Seiten, ABCteam. Alkor

16 Kurzgeschichten zum Vorlesen mit anschließender Thematisierung, Inhaltsangabe, Ansatzpunkte und Fragen für die Diskussion, Materialhinweise.

BRUNNEN-VERLAG GMBH GIESSEN